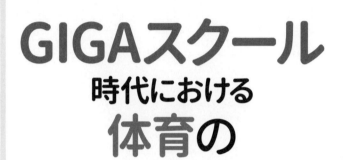

GIGAスクール
時代における
体育の
「主体的・対話的で深い学び」

Society 5.0がもたらす
体育のコペルニクス的転回

[編]
鈴木直樹・中島寿宏
成家篤史・村瀬浩二・大熊誠二

創文企画

はじめに

　本書を手に取って下さった皆様、まことにありがとうございます。この書籍に興味を持って下さった皆様は、きっと新しい時代の体育を考えたいという思いをお持ちのことと思います。そういう意味では、新しい発見を期待して本書を手にして下さったのだと思います。私は、まさにそんな新しい価値ある発見を読者の皆様にお届けしたいと考えています。

　フランスの小説家であるマルセル・プルーストは、"The real voyage of discovery consists not in seeking new landscapes, but in having new eyes." という言葉を残しています。これは、日本語にすれば、「真の発見の旅とは、新しい景色を探すことではない。新しい目で見ることなのだ。」ということになります。私は、マルセル・プルーストの言葉は、本書のコンセプトをよく表していると感じています。私たちは、どうしても外側の世界の変化に注目して新しい発見をしようとしがちです。現代の学校教育であれば、子どもたち一人一人が情報端末を持つようになるとか、35人学級が実現するとか、小学校でも教科担任制を導入するとかいった「カタチ」に興味関心がいきがちです。しかし、実際には世界に生きる自分達自身のある事柄に対する見方や価値観こそが、新しい世界の発見に最も大きな影響を与えると思うのです。すなわち、新しい発見にとって大切なのは、新しい生産物を持つことではなく、新しい見方への転換ではないかと思います。このような考え方の中で企画されたのが本書です。

　「児童生徒向けの1人1台端末と、高速大容量の通信ネットワークを一体的に整備し、多様な子供たちを誰一人取り残すことのなく、公正に個別最適化された創造性を育む教育を、全国の学校現場で持続的に実現させる」GIGA（Global and Innovation Gateway for All）スクール構想が急激なスピードで推進されています。2018年度にこの計画が策定された当初は、2023年度中の配備完了を目指していましたが、2020年のコロナウィルスの感染拡大に伴う学校の臨時休校などによってオンライン整備が求められるようになり、2020年度中に配備完了を目指すことになりました。全ての子どもたちが1人1台の学習用端末を高速大容量の通信ネットワークに接続して学びあう新しい時代が、2021年度にほとんどの学校で始まっています。

　しかし、このような急速な変化は、機器整備などの「新しい景色」ばかりに注目

してしまい、「新しい目」で見ることを置き去りにしてしまうことを危惧しています。私たちは新しいピカピカの道具を持つと同時に、新しい時代にあった「新しい目」を持ち、新しい教育を創造していかなければならないと考えています。そこで、本書のタイトルを、「GIGA スクール時代における体育の『主体的・対話的で深い学び』」とし、具体的な理論と実践に関する論稿を読むことを通して、新しい学びに対する見方へと脱構築していくことができるように書籍の編集を工夫しました。

　書籍の編集と主な執筆は、私の他に、北海道教育大学札幌校の中島先生、帝京大学の成家先生、和歌山大学の村瀬先生、帝京大学の大熊先生の 5 名で行いました。それぞれの専門性を生かして本書の意図に沿った内容を整理してきました。その他、世界の体育科教育学分野を牽引する "Physical Education Futures: Can we reform physical education in the early 21st Century?" を著したストラスクライド大学の David Kirk 先生と構成主義的な学習観に立つ体育の授業づくりで世界をリードするミシガン大学の Weiyun Chen 先生にもご執筆を頂き、本書の内容に深まりを与えて頂きました。

　本書は、全 5 章構成となっていますが、これからの時代の変化を「Society5.0」から捉え、そのような視点から見た時の体育の変化をまず第 1 章で解説しています。そのような視点から体育の指導を捉え直し、具体的な体育指導の転換について第 2 章で論じています。そして、ここまで論じてきたことをベースにしながら、編者が共同研究してきた学校を中心として具体的な先進的な事例を取り上げています。第 3 章では、国内の先進的事例を紹介し、第 4 章では、海外の先進的事例を紹介しています。第 5 章では、GIGA スクール時代に成長し続ける学校の新たな姿として体育授業実践を周辺的に支えるステークホルダー（教師や保護者）の成長を促すチームづくりについて整理した論稿を掲載しています。

　本書は、執筆者たちの実践的研究に裏付けられた実践知を原稿としてまとめたものとなっています。学校で授業を実践する先生方や体育の研究に携わる研究者など多くの方々に手に取って頂くことができれば幸いです。

　本書を読み終えて、読者の皆様が体育授業を「新しい目」で眼差し、その視点から体育授業の未来を創造していくことにワクワクした気持ちを感じて下さることを編者一同期待しております。

2021 年 6 月

編者代表　鈴木直樹

2

GIGAスクール時代における体育の「主体的・対話的で深い学び」

―Society 5.0 がもたらす体育のコペルニクス的転回―

CONTENTS

第1章

Society5.0 時代の体育

Society5.0時代の体育の存在意義

David Kirk (University of Strathclyde and University of Queensland)

1.　学校内の時間と空間

　学校は、社会の動向や政策の要請に応じて常に変化しているように思われ、新しいカリキュラム、新しい教授方略、新しい評価方法、新しい学習意欲、新しい事務上のシステムなどへ変革し、常に対応しなければならないプレッシャーにさらされているように感じられます。しかし、実際には、一世紀以上もの間、教育機関としての学校はほとんど変わり映えがありません。そして、学校の特徴的な制度形態は、時間と空間といった 2 つの基本的な組み合わせによって提供されています。まず、時間は、学校で過ごす一日の中で、教師と子どもがどこで何をしているかを決定している時間割に最も明確に表現されています。次に、空間は教室という形式で表現されることが多く、椅子、テーブル、ホワイトボードがある一般教室、実験器具などがある理科室、運動施設である体育館など、教科に応じた様々な形式のものがあります。このように、時間割と教室は学校の円滑な運営を保証するものとして位置づいており、特に中学校や高等学校では、小学校よりも子どもたちが教科ごとに定期的に教室を移動して学ぶ傾向があり、Channan と Gilchrist（1974）はそれを「椅子取りゲーム・カリキュラム」と呼んでいます。

　これらの時間と空間の組み合わせは、学校の教科の特徴に大きな影響を与え、教科指導に対する考えや、カリキュラム、指導、学習、評価の相互作用や相互依存的な特徴を枠づけます。中学校や高等学校では、伝統的に、教科ごとに 50 分程度の授業時間を設定することが多いですが、子どもたちが高等学校での高校卒業認定試験や大学入学試験などで合格させることを最終目標としているような一部の主要な教科では、「2 時間連続授業（100 分）」と呼ばれる時間割が適しているともいわれて設定されたりしています。小学校では、例えば、時間割自由設計型の学校（例：Hamilton, 1977 参照）のように、時間割や教室の構成を柔軟に変更して授業を実践する取り組みなどが行われており、一般的には学校内での子どもたちの移動は少な

いですが、それでも、時間割や決められた学習空間に基づいて学校が運営されています。中学校や高等学校で、卒業時や大学入学時に一定の体育の学習成果を必要要件としている国はさほど多くはありませんが、このような時間と空間の支配的な構成は、「スポーツ技術に基づく多種目プログラムである体育」（Kirk, 2010）と表現されるような教授形態を生み出しています。このような体育の形式は、表面的で、せいぜい初歩的な学習のみにしか対応することできないと批判されることが多い（Siedentop, 2002）ですが、学校の時間と空間の組み合わせに対する必然的な対応といえます。このような教授形態は、半世紀以上にわたって世界中の多くの中学校や高等学校で受け継がれてきましたし、実際に多くの学校で使用され続けています。このような学校の制度的な形態こそが、未来の体育が変革されなければならない現実を浮き彫りにしています。そのような現状から、世界中の多くの社会の中で急速に変化する身体文化と関連づけて見ても、「スポーツ技術に基づく多種目プログラムである体育」は文化的に時代遅れであると結論づけることができるといえます（Kirk, 1999）。

　Society 5.0 のような取り組みを考えてみると、体育がいかに時代遅れであるかがよくわかります。Society 5.0 は日本が主導する挑戦的なプロジェクトで、人工知能（AI）、ロボット工学、モノのインターネット（IoT）、ビッグデータの進歩を利用して、「経済発展と社会問題の解決を両立させよう」（https://www8.cao.go.jp/cstp/english/society5_0/index.html）としています。このプロジェクトは、健康、金融、インフラ、モビリティ、住宅、仕事、産業など、人間の繁栄と Well-being の中心となる様々な分野で進行しています。それはテクノロジー主導の取り組みではありますが、その推進者は、「人間中心の社会」を創造するように、その目的を記述しています。重要なことは、学校にとって、Society 5.0 は「仮想空間」と「現実空間」の間の高度な融合を求めており、「ハイブリッド空間」の可能性を導入していることです（Chambers and Sandford, 2018）。

　このようなテクノロジー主導の文脈の中で、従来の学校の時間や空間の組み合わせにはどのような意味があるのでしょうか？　また、新しい革新的なスタイルの体育教育にはどのような可能性があるのでしょうか？　さらに、体育は Society 5.0 に関連する可能性があるのでしょうか？　そして、あるとするならば、どのような方法で関連していくのでしょうか？　明らかに、体育科指導におけるテクノロジーの位置づけと、それが子どもの教育への貢献を高める可能性は、Society 5.0 のようなテクノロジー主導のプロジェクトにおいて最も重要な問題です。

　そこで、過去 10 年間で大幅に進展した体育におけるテクノロジーの位置づけに

関する最新の研究に関する文献について考察していきます。それを踏まえて、体育のデジタルな未来とは何か、学校内の時間と空間の組み合わせが Society 5.0 のような取り組みによってどのように影響を受け、その変化の見通しは何かを検討していきます。

2.　eHPE（エレクトリック・保健体育）の発展

　器具や機器の使用、パフォーマンスの記録方法、トレーニングルーム、球技場やプールを含む学習のための施設環境の設計なども含めて、テクノロジーの広い概念の定義を適用するならば、それは常に学校の体育プログラムで活用されています。一方、デジタル技術は、とても最近になって登場したものといえます。Casey and Jones（2011）の論文は、体育のデジタル技術における特定の関心は、デジタルとポストモダニティに関する Fernandez-Balboa（2003）の批判的な著書の出版と共に、21 世紀初頭に明らかになり始めたことを示唆しています。その他にも、デジタル・ビデオ・レコーダーに関する Banville and Polifko（2009）の研究や Thomas and Stratton（2006）の ICT 機器使用の検討、教師の視点と指導上のニーズ、Tearle and Golder（2008）の ICT と将来の体育教育に従事するための準備に関する論文など、より実践的に焦点化された研究論文が散見されるようになりました。興味深いことに、過去半世紀にわたる体育教育の未来に関する様々な分析は、Fernandez-Balboa を除いて、変化の原動力としてのテクノロジーを見落とす傾向があり、その代わりに体育の商業化と市場化に焦点が当てられていました（例：Hoffman, 1988, Laker, 2003, Tinning, 1992）。しかし、過去 10 年の間に、体育における様々なテクノロジーの利用に関する研究が発表されるようになり、より一般的になり、より未来志向的になってきました。

　Gard（2014）は、この体育におけるデジタル技術の使用の増加を eHPE という造語をつくって表現しました。彼は、体育の未来は、デジタルカメラ、万歩計、ビデオ分析ソフトウェア、体感型ゲームなどのすでに組み込まれた技術と、アプリやウェアラブルデバイス、モバイルデバイスなどの新しい技術の使用によって、ますます、影響を受ける可能性が高いと主張しています。Gard は、体育の教師はこのデジタル化された未来に注意深く注目してアプローチする必要があると警告しています。Gard は、例えば体感型ゲームのような機械ベースのプログラムに対する子どもたちの熱狂が、教師よりも効果的ではるかに安価な配信方法として学校体育の代替プログラムにならないようにすることが重要であると示唆しています。

　数名の研究者は、体育教育における特定の教授学的モデル（Casey and Kirk,

2021）の中での新しいテクノロジーの活用を探求してきました。例えば、Bodsworth と Goodyear（2017）は、協働学習プログラムにおける iPad の使用を検討しました。Koekoek ら（2018）は、ゲーム中心の指導アプローチの中でプレイヤーの戦術的理解を促進するためにデジタルビデオ技術を使用しました。Luguetti ら（2019）は、スポーツ教育の単元内で、Facebook などのソーシャルメディアがどのようにして子どもたちにチームの所属、祭典性、スポーツシーズンのより本格的な体験を提供できるかを探求しました。そして Penney ら（2012）は、オーストラリアの High-Stakes な試験で使用可能な高等学校の体育教育プログラムで使用するためのデジタル評価の方法を開発しました。これらの研究は一般的に肯定的な結果を報告していますが、Bodsworth と Goodyear は協働学習におけるソーシャルメディアの利活用に関しては必ずしも肯定的ではありませんでした。Casey、Goodyear、Armour（2017）の研究は、それにもかかわらず、子どものためのデジタル化された体育教育の利点について楽観的な見解を取っていますが、彼らは、技術よりも教育学に焦点を当てることの重要性を持ち続けることを強く主張しています。

　他の研究では、デジタル化された体育教育について批判的な見解が発表されています。Goodyear（2017）と Goodyear と Armour（2018）は、アプリやウェアラブル技術に対する倫理的な問題と子どもの視点を研究しました。彼らは子どもたちの間でそれらが人気があることを報告していますが、例えばプライバシーの侵害やサイバーいじめなどの点で子どもが危険に晒される可能性が高いことも指摘し、この技術の使用は大人によって慎重に規制される必要があると主張しました。Kerner と Goodyear（2017）は、体育の授業で Fitbit® を使用する思春期の子どものモチベーションを調査しました。彼らは、わずか数週間後には、ニーズ満足度と自律的モチベーションが低下する一方で、無動機が上昇することを明らかにしています。Goodyear、Kerner、Quennerstedt（2019）もまた、Fitbit® の使用は、プログラムの期間を通してエンゲージメントを持続させることに失敗したという研究結果を明らかにしています。さらに、Fitbit® の使用は、子どもが自己監視を通じて否定的な経験をすることにつながり、それが抵抗感につながっていることがわかっています。同時に、Goodyear、Armour、Wood（2019）は、研究者や教師は子どもの視点に立って、このトピックについてもっと知る必要があると指摘しています。そして、子どもが健康について学ぶ際に、アプリやウェアラブル技術の選択と使用にかなり依存していることを明らかにしています。しかし、Kirk（2019）が述べているように、子どもは一般的に大人や特に教師がソーシャルメディア利用の良いロールモデルになることに対して懐疑的であることが報告されています。

　フィットネスグラムは、米国の多くの学校で広く採用されているデジタルプログラムであり、テクノロジーの成功した利用法とみなされています。Gard と Pluim（2017）の研究では、プログラムは技術的には効果的かもしれませんが、フィットネスグラムの多くの支持者の間では、自己批判的な視点が欠けており、その中にはプログラムから金銭的な利益を得ている人もいることを示唆しています。さらに、彼らの研究では、子どもの健康と Well-being に対する特定の見解に対するイデオロギー的なコミットメントが、損害の可能性を含む子どもへの影響に対する懐疑論を抱かないようなプログラム実施を中心とした、いくつかの閉鎖的な自己利益のために活動する団体が見出されました。

　一方、Ohman ら（2014）の体感型ゲームと理想的な身体の育成の探求に関する研究では、テクノロジーが何らかの価値を持たないものであると仮定することには危険性が内在することが示唆されています。Williamson（2015）は、体育において、アプリ内で使用されているアルゴリズムや、ポータブルデバイスやウェアラブルデバイス内で使用されているアルゴリズムによって、自分自身の活動の結果を記録し、蓄積することによって子どもの身体の理解に貢献できるようになっていることを明らかにしています。また、アルゴリズムの作成は、身体の生物物理学的パフォーマンスに関するいくつかのデータを計算しますが、それ以外のデータは計算しないようになっており価値のあるプロセスとなっています。Williamson は「アルゴリズム・スキン」に包まれた身体について書いており、それは身体そのもののデジタル化を暗示しているのかもしれません。

　体育におけるデジタル技術の利用に関する文献を簡潔かつ選択的に概観すると、ソーシャルメディア、アプリ、ウェアラブルおよびモバイル・デバイスへの関心が過去 10 年間で高まっていることが示されています。この文献は、デジタル技術の応用が明確な関連性を持つ体育指導における分野があることを示しています。これは、個別の数値データを生成するフィットネス関連の活動に限ったことではありませんが、特にそのような分野で応用可能性があるといえます。研究者の中には、これらの応用に明確な利点を見出している者もおり、フィットネスグラムのような高度に発達したデジタル化されたプログラムの場合には、商業的な開発の機会もあると考えています。他方、デジタル技術は一見高い価値があるように見えますが、多くの研究者が実証研究や概念研究に基づいて批判的なコメントを寄せています。しかし、それにもかかわらず、価値があると主張されています。そのため、デジタル技術を使用した体育の不適切な目標を設定してしまい、子どもの学びを阻害する可能性があります。また、デジタル技術は体育指導のある側面では他の側面よりも優

れているため、Gard と Pluim のフィットネスグラムに対する批判で示唆されたように、この分野に内在する教育と健康の可能性の広い世界に障壁を与えるような方向にプログラムを形成してしまう可能性があります。このように、デジタル・テクノロジーの幅広い発展と応用に対する体育教育者の情熱は、これらの問題に対する批判的な認識と適切な教育学的行動によって抑制される必要があるともいえます。

3.　体育のデジタルな未来

　本節の冒頭で、Society 5.0 における学校体育の継続的な関連性とはどのようなものであろうかと問いかけました。Society5.0 は人間中心の社会を目指していますが、人と人との遠隔接触や遠隔コミュニケーションの可能性、ロボットやスマート家電の省力化などにより、現在よりもさらに高いレベルの日常生活が奨励されたり、促進されたりする可能性があることは明らかです。したがって、健康に関連した十分なレベルの身体活動、社会的交流の機会、そしてこれらの 2 つのニーズの両方を満たすために必要な身体能力を育むという、少なくとも 3 つのニーズが残っているように思われます。学校での体育は、これら 3 つのニーズを満たすための経験を子どもに提供するものであることは明らかです。

　しかし、体育プログラムにおけるデジタル技術の広範な利用が、特に「スポーツ技術に基づく多種目プログラムである体育」の中で活用されている場合には、必ずしも体育指導者が子どものニーズを満たすことができるとは限らないでしょう。先ほど概観したデジタル技術への批判はさておき、機関としての学校の時間的・空間的な要請にも対処する必要があるでしょう。体育の授業はどのような時間割が組まれ、また、授業が行われている空間はどのようなものなのかを根本的に再考しなければ、体育は、デジタル技術をおまけにした「スポーツ技術に基づく多種目プログラム」となってしまう可能性が高いのです。

　Chambers and Sandford（2018）が指摘しているように、デジタル技術は、第三の空間、つまり現実空間と仮想空間のハイブリッド化された組み合わせを生み出すことで、現実空間の優位性を打破する可能性を提供します。明確で真摯な意図を持って使用されるデジタル技術の中には、特定のグループや個人のために、同期・非同期の両方の学習体験や、特定の子どものニーズや興味に特化した情報を提供することで、個別最適化された学習体験をカスタマイズする可能性を生み出すものもあります。さらに、バーチャルリアリティのような技術は、学校内で一般的に利用できるものとは異なる学習空間のシミュレーションを作成するために使用することができます。Chambers と Sandford（2018）は「デジタルの世界で人間であることを学

ぶ」ことを中心とした授業モデルの中に、バーチャル、リアル、ハイブリッド化された空間についての議論を位置づけています。いくつかのデジタル技術の使用に対する批判や子どもに悪影響を与える可能性を考えると、未来の体育教育には批判的な要素が必要です。

　体育の教育効果を最適化するためには、今後の展開として、学校の時間と空間の組み合わせを教育機関として再構成する創造的な方法を見出さなければなりません。デジタル技術はこれを行うための一つの可能性を提供しています。同時に、Casey, Goodyear と Armour（2017）が主張するように、体育の未来を再設計する際には、テクノロジーではなく、教育学が常に第一であり、中心的な配慮事項であるべきです。テクノロジーが教育学に優先され、さらには価値がないと考えられる場合、子どもにとって何が良いことなのかということを検証しないまま実践が展開される危険性が常に存在します。このような状況になると、Society5.0 において、体育は子どもの教育と関連が希薄となり、適切ではない状況を作り出してしまいます。

【参考文献】

Banville, D. and Polifko, MF. (2009) Using digital video recorders in physical education. JOPERD: The Journal of Physical Education, Recreation & Dance, 80(1), 17-21.

Bodsworth, H and Goodyear, VA. (2017) Barriers and facilitators to using digital technologies in the Cooperative Learning model in physical education, Physical Education and Sport Pedagogy, 22:6, 563-579.

Casey, A., Goodyear, VA. and Armour, KM. (2017) Rethinking the relationship between pedagogy, technology and learning in health and physical education, Sport, Education and Society, 22:2, 288-304.

Casey, A. and Jones, B. (2011) Using digital technology to enhance student engagement in physical education, Asia-Pacific Journal of Health, Sport and Physical Education, 2:2, 51-66.

Casey, A. and Kirk, D. (2021) Models-based Practice in Physical Education London: Routledge.

Chambers, F. and Sandford, R. (2019) Learning to be human in a digital world: a model of values fluency education for physical education, Sport, Education and Society, 24(9), 925-938.

Chanan, G. and Gilchrist, L. (1974) What School Is For, London: Methuen.

Fernandez-Balboa, J. 2003. "Physical Education in the Digital (Postmodern) Era." In The Future of Physical Education: Building a New Pedagogy, edited by A. Laker, 37–152. London: Routledge.

Gard, M. (2014) eHPE: a history of the future, Sport, Education and Society, 19(6), 827-845.

Gard, M. and Pluim, C. (2017) Why is there so little critical physical education scholarship in the United States? The case of Fitnessgram, Sport, Educaiton and Society, 22(5), 602-617.

Goodyear, VA. (2017) Social media, apps and wearable technologies: navigating ethical dilemmas and procedures, Qualitative Research in Sport, Exercise and Health, 9(3), 285-302.

Goodyear, VA. and Armour, KM. (2018) Young people's perspectives on and experiences of health-related social media, apps, and wearable health devices, Social Sciences, 7, 137, 1-15.

Goodyear, VA., Armour, KM. and Wood, H. (2019) Young people learning about health: the role of apps and wearable devices, Learning, Media and Technology, 44(2), 193-210.

Hamilton, D. (1977) In Search of Structure: Essays from a new Scottish open-plan primary school, London: Hodder & Stoughton.

Hoffman, S.J. (1987) Dreaming the impossible dream: the decline and fall of physical education, in JA. Massengale (ed.) Trends Toward the Future in Physical Education, Champaign, IL.: Human Kinetics.

Kerner, C. and Goodyear, VA. (2017) The motivational impact of wearable healthy lifestyle technologies: a self-determination perspective on Fitbits with adolescents, American Journal of Health Education, 48(5), 287-297.

Kirk, D. (2019). School physical education and learning about health: Pedagogical strategies for using social media, pp. 86-100 in VA. Goodyear and KM. Armour (Eds.) Young people, social media and health. London: Routledge.

Kirk, D. (2010) Physical Education Futures, London: Routledge.

Kirk, D. (1999) Physical culture, physical education and relational analysis. Sport, Education and Society, 4(1), 63-73.

Koekoek, J., van der Mars, H., van der Kamp, J. Walinga, W. and van Hilvoorde, I. (2018) Aligning digital video technology with game pedagogy in physical education, Journal of Physical Education, Recreation & Dance, 89(1), 12-22.

Laker, A. (2003, Ed.) The Future of Physical Education: Building a new pedagogy, London: Routledge.

Luguetti, C., Goodyear, VA., and André, MH. (2019) 'That is like a 24 hours-day tournament!': using social media to further an authentic sport experience within sport education, Sport, Education and Society, 24(1), 78-91.

Öhman, M., Almqvist, J., Meckbach, J. and Quennerstedt, M. (2014) Competing for ideal bodies: a study of exergames used as teaching aids in schools, Critical Public Health, 24(2), 196-209.

Penney, D., Jones, A., Newhouse, P. and Cambell, A. (2012) Developing a digital assessment in senior secondary physical education, Physical Education and Sport Pedagogy, 17(4), 383-410.

Siedentop, D. (2002) Content knowledge for physical education, Journal of Teaching in Physical Education, 21, 368-377.

Tearle, P. and Golder, G. (2008) The use of ICT in the teaching and learning of physical education in compulsory education: how do we prepare the workforce of the future? European Journal of Teacher Education, 31(1), 55-72

Thomas, A. and Stratton, G. (2006) What we are really doing with ICT in physical education: A national audit of equipment, use, teacher attitudes, support, and training. British Journal of Educational Technology, 37(4), 617-632.

Tinning, R. (1992) Not so sweet dreams: physical education in the year 2001, ACHPER National Journal, 138, 24-26.

Society 5.0 時代の体育で育む資質・能力

成家篤史（帝京大学）

1. Society5.0「人間中心の社会」を生きる

　日本政府によると「第 4 次産業革命の社会実装によって、現場のデジタル化と生産性向上を徹底的に進め、日本の強みとリソースを最大活用して、誰もが活躍でき、人口減少・高齢化・エネルギー・環境制約など様々な社会課題を解決できる、日本ならではの持続可能でインクルーシブな経済社会システムである『Socity5.0』を実現するとともに、これにより SDGs の達成に寄与する」（政府広報，2018）と示されています。

　SDGs とは、Sustainable Development Goals の略で持続可能な開発目標とされ、2015 年に国連が「2030 年までに世界が達成するべき目標」として定めた地球の持続可能な開発を目指した 17 の大目標と 169 の小目標で構成されています（外務省、2015）。この SDGs について世界各国が達成に向けて働きかけることで、50 年後も100 年後も人類が豊かな生活を営むことができることを目指しています。

　その意味で、Society5.0 時代とは 50 年後も 100 年後も人類が豊かな生活を営むための様々な課題を解決することができるような、日本独自の経済社会システムが求められる時代であるといえます。そして、その日本独自の経済社会システムのことを Society5.0 と呼んでいるのですが、この経済社会システムで養いたい資質・能力について理解するためには一旦、Society1.0 から整理していく必要があります。

　下記に示した図 1 にあるように Society1.0「狩猟社会」、Society2.0「農耕社会」、Society3.0「工業社会」、Society4.0「情報社会」、Society5.0「人間中心の社会」となっており、人類の発展と共に社会が変化してきたことが示されています。それぞれの社会で特徴が異なっており、そこで求められている資質・能力や課題は異なっていると考えられます。Society1.0 や Society2.0 といった狩猟社会や農耕社会では近隣の人々との協働が必須であり、他者との協調性が求められる社会であったと考えられます。その一方で、情報の伝達量とスピードは現代とは比較にならないほど

ゆったりしたものであり、情報処理能力は問われず、むしろ地域の伝統や慣習を踏襲していくことに重きが置かれた時代であると考えられます。Society3.0「工業社会」では限られた時間の中での大量生産、間違いのない製造が必須であり、指示に対して忠実であり、正確に決められた労働を行う力が求められる社会であると考えられます。そのよ

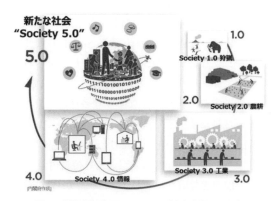

図1　新たな社会 "Society5.0"（政府広報，2018）

うな社会では知識は伝達され、既存の知識を記憶し、正確に表出する力が重視されたといえます。Society4.0「情報社会」では目まぐるしく新しい情報が提供されたり、新しい技術が革新されたりするなど、新しい情報や多くの情報が瞬時に世界を駆けめぐる社会です。そのような Society4.0「情報社会」では情報を収集し、活用する力、すなわち、多種多様にある情報を使いこなす力が求められたと考えられます。

　Society5.0「人間中心の社会」には 3 つのキーワードがあります。「人間の尊厳」、「多様性・包摂性」、「持続可能性」です（内閣府，2019）。

　「人間の尊厳」とは Dignity として示され、人間の尊厳の尊重と述べられています。ところで、何をもって人間の尊厳の尊重として捉えられているのでしょうか。もう少し詳しく検討していくと、「人間中心の社会」において、人間の役割が二つ示されています。そのヒントは内閣府（2019）「AI 戦略 2019」において「人間中心の AI 社会原則」の中にあり、Society5.0 では AI はそれを利活用することで人間の能力を補ったり、広げたりする道具であるということが明確に示されています。そして、AI を利活用し、そこで様々なデータの分析・考察に触れることができますが最終的な判断の主体は人間であるということです（成家，2021）。その意味からして、AI が示すことを盲目的に信頼し、判断まで委ねるのではなく、AI が示す内容は一つのデータの結果として理解し、そのデータを使いこなす資質・能力が備わっていなければならないということです。結局は重要な意思決定は人間が行うものであり、これまで以上に人間の尊厳が尊重される、もしくは尊重されなければならない時代が訪れているということです。

　「多様性・包摂性」とは多様な人々が多様な幸せを追求すると述べられています。多様な価値観を尊重し、多様な幸せを追求することができる寛容さが社会に求められています。先述した政府による Society5.0 とは「日本ならではの持続可能でインクルーシブな経済社会システム」として示されているように、Society5.0 は"持続可能なインクルーシブ"な経済社会システムであるため、50 年後、100 年後も豊かな生活を営むことが可能なような多様な人々が共存・協働する社会という姿がイメージされます。その意味で、Society5.0 では異質な考えを排除しなかったり、異なる意見と折り合いをつけたりしながら協働する資質・能力が求められるといえるでしょう（成家, 2021）。そして、「持続可能性」については、Society5.0 に関わる人々の前向きな取り組みが改善されながら、継続されていくというビジョンが示されています。

　以上ここでは「人間中心の社会」を具現化するための3つのキーワードである「人間の尊厳」、「多様性・包摂性」、「持続可能性」について議論してきました。これを前提としながら、次項ではさらに掘り下げて検討していきます。

2.　第 4 次産業革命におけるスキル・コンピテンシー

　Society5.0「人間中心の社会」の起因となった第 4 次産業革命とはどのような産業革命なのでしょう。このことに関する理解を整理することで Society5.0 において求められる資質・能力が見えてくると考えます。経済産業省（2017）によると第 4 次産業革命で起きていることは下表に示されています。

○実社会のあらゆる事業・情報が、データ化・ネットワークを通じて自由にやりとり可能に（IoT）

○集まった大量のデータを分析し、新たな価値を生む形で利用可能に（ビッグデータ）

○機械が自ら学習し、人間を超える高度な判断が可能に（人工知能（AI））

○多様かつ複雑な作業についても自動化が可能に（ロボット）

経済産業省（2017）

　上記の IoT、ビックデータ、AI、ロボット開発といった技術のブレークスルーにより、これまで実現不可能と思われていた社会の実現が可能になると考えられています。このような第 4 次産業革命の渦中にある社会において求められるスキル・コンピテンシーとして以下の 5 点が挙げられています。本稿では、このスキル・コンピテンシーを資質・能力として読み替えながら検討していきたいと思います。

> 1) 課題設定力、目的設定力
> 2) データ活用や IT にかかる能力・スキル
> 3) コミュニケーション能力
> 4) 分野を超えて専門知や技能を組み合わせる実践力
> 5) リーダーになる資質　　　　　　　　　　　　　経済産業省（2017）

2.1　課題設定力、目的設定力

　「課題設定力、目的設定力」とは、「自ら課題を設定する力、仮説を立てる力」（経済産業省，2017）として示されています。これは Society5.0 になる以前から主張されている力ではないでしょうか。この課題設定力・目的設定力に関連して学習指導要領解説体育編において、「『知識及び技能』、『思考力、判断力、表現力等』、『学びに向かう力、人間性等』については、課題を見付け、その解決に向けた学習過程を通して相互に関連させて高めることが重要」（文部科学省，2017）として示されています。

　すなわち、課題設定力・目的設定力は今さら取り立てて重要視された力ではなく、従前より、明示的に重視されてきた力である考えられます。例えば、5・6 年生の水泳の授業で考えてみます。「もっとクロールで心地よく進んでみたい」と子どもが思うとします。ここで、子どもは「もっと心地よくクロールで泳ぎたい」という目的を設定します。そして、もっと心地よくクロールで泳ぐために、子どもは手のかきを工夫してみたり、バタ足の仕方を工夫してみたりするなど課題を設定します。しかし、効果的な課題設定は子ども任せでは難しく、この学習場面に教師が助言したり、グループでの学習を生かしたり、補助教材を用いたりして介入する必要があります。

　体育においては、どのような運動領域であっても、運動のおもしろさに触れながら、子どもが自ら課題を見つけ、その解決に向けて仲間同士で協働して運動に取り組み、解決を目指している授業が求められています。教師が課題設定力・目的設定力を養うという明確な意図を持って子どもたちにアプローチすることで、従前より求められているこれらの力を養うことができると考えます。

2.2　データ活用や IT にかかる能力・スキル

　「データ活用や IT にかかる能力・スキル」とは、「データを分析する力」、「データを活用する力」、「コンピュータ等の IT リテラシー」と示されています。

　「データを分析する力」とは、学習者が直面する課題を解釈し、統計手法を用い
た分析を行い、解決策を導出する力や自ら課題を設定し、必要なデータを収集する
力として捉えられています（経済産業省，2017）。「データを活用する力」とは問題
を改善するための提案など、自身の業務に求められる課題設定や仮説を立てて、
データを出し、その分析結果が自身の立てた仮説に合っているか検証する能力で
す（経済産業省，2017）。加えて、AI が出してきた答えを信用してよいかどうかを
判断する能力も含まれます。人間中心の社会であるため、AI に依存するのではな
く、きちんと人間が客観的なデータや状況判断を基に AI を活用していく力である
と考えられます。「コンピュータ等の IT リテラシー」はプログラミング能力やコン
ピューターサイエンスへの理解など最新の機器に関する活用する力が示されていま
す（経済産業省，2017）。
　課題解決を行う場面で、対象に関するデータを集め、収集したデータの中で活用
できそうな事柄を選択し、問題解決するために行動を遂行することはビジネスの現
場だけでなく、体育の授業中にも発揮されます。
　Society5.0 における「データを理解し、使いこなす力」と考えられるのは、オリ
ンピックやプロスポーツのようなスタッツを出すことは困難であっても、自分たち
のプレーの動画を見たり、相手チームのプレーの動画を見たりして分析的に考察
することです。重要なことは、教師として「データを理解し、使いこなす力」を
養いたいという明確なねらいのもと、子どもたちの必要感に応じて（必要感を高め
て）、必要なデータを提示したり、収集させたりして、それを生かせるような授業
を設えることだと考えられます（成家，2020）。

2.3　コミュニケーション能力とリーダーになる資質

　リーダーとしての振る舞いはコミュニケーション能力と連関した能力であるた
め、コミュニケーション能力とリーダーになる資質を関連させて議論していきたい
と思います。
　「コミュニケーション能力」とは、自身の意見を主張し、反論をするディベート
力として示されています（経済産業省，2017）。一方、「リーダーになる資質」と
は、自分や自分たちにとっての明確なゴールイメージやビジョン、妥協しない強い
意志、周囲を動かす力というものが示されています（経済産業省，2017）。
　体育の授業ではボール運動といったチームスポーツに限らず、マット運動や鉄棒
運動といったクローズドスキルの運動領域であっても他者と関わって学習をしま
す。そのため、コミュニケーション能力とリーダーになる資質は授業を通して、

培っていきたい能力であると考えられます。

　例えば、鉄棒運動を行います。その際に、グループごとに学習を行うとすると、そこでは技の行い方や練習の仕方、補助などグループの友だちと関わりながら学習を行います。この場面では効果的な学習になるようコミュニケーション能力を培う必要があるでしょうし、リーダーシップやフォローワーシップを培える場面もあります。教師はこれらの場面で意図的に子どもたちへアプローチします。

　Society5.0 を迎え、AI を有効に活用しながら、人間が意思決定をします。変化が著しい社会だからこそ、自分一人のアイディアには限界があり、自分のアイディアに固執し、柔軟性に欠ける思考の仕方をしていたら、社会の変化に対応しきれません。Society5.0 だからこそ、他者と協働して問題を解決していくため、時にはリーダーシップを発揮したり、フォローワーシップを発揮したり、豊かなコミュニケーションを支える能力が求められます。だからこそ、「人間中心の社会」であるといわれるのでしょう。

2.4　分野を超えて専門知や技能を組み合わせる実践力

　「分野を超えて専門知や技能を組み合わせる実践力」とは、個人と組織・業態を超えたつながりを形成するための論理的思考力として示されています（経済産業省，2017）。このようなカテゴリーを超えた知識や技能を組み合わせた思考様式として「野生の思考」（奈須，2017）があります。野生の思考とは、「本来異なるカテゴリー」に属するもの同士を独自な視点や理路により大胆に『つなげる』『見立てる』『たとえる』といった思考の様式」（奈須，2017）です。

　この野生の思考は、体育という教科の中だけで収まる話ではなく、子どもたちが暮らす日常生活や他の教科、それから過去に学んだ経験などをつなげる思考様式です。奈須（2017）は「要素技術の思いもかけない新領域への適用や、限られたリソースを駆使して高い付加価値を有する商品を開発する場合など、知識基盤社会での新たな知や価値の創造、つまりイノベーションにおいて、この『野生の思考』が豊かに発揮され、目覚ましい成果を挙げていることに疑いの余地はありません」と述べています。

　例えば、5・6 年生の跳び箱運動で台上前転に子どもが取り組むとします。ここでは、違う運動領域であるマット運動での前転した経験を生かし、マットを敷いて練習をしてみたり、跳び箱のように高さがある物体の上で前転してみたりすることが必要だと考えて、エバーマットや重ねたマットの上で前転をする練習等をします。これらの思考様式は今取り組んでいる学習について、違う場面での学習経験を

つなげ、生かしている場面です。このように様々な領域での経験をつなぎあわせ、今、自分が直面している課題を乗り越えていくことが求められています。

　このように、「野生の思考」は体育の授業で培うことができ、成家（2020）が述べているように、野生の思考にある「つなげる」「見立てる」「たとえる」といった思考様式は、「分野を超えて専門知や技能を組み合わせる実践力」であると考えられ、まさに創造性が高く求められる場面や新たな価値や問題解決を導き出す場面といった時に効力を発揮する力であると考えられます。まさに Society5.0 で求められる創造性を支える思考様式ではないでしょうか。

3.　AI に代替されない資質・能力

　ここまで、第 4 次産業革命に求められるコンピテンシー・スキルを基にして「課題設定力、目的設定力」「データ活用や IT にかかる能力・スキル」、「コミュニケーション能力・リーダーになる資質」、「分野を超えて専門知や技能を組み合わせる実践力」という力について議論してきました。

　第 4 次産業革命がもたらした Society5.0 は大量の情報を基に人工知能である AI が自ら考えて最適な行動をとるようになります（経済産業省, 2017）。このような社会は変化が著しく予測不可能な状況であり、そのような時代においては、「自ら未来をたくましく切り拓いていく主体性や豊かな創造性を身に着けること」（文部科学省, 2009）が求められており、我々は AI に代替されない創造性を育める学びの場の充実を目指すことが求められます。

　AI に代替されない創造性については、「高い理数能力で AI・データを理解し、使いこなす力に加えて、課題設定・解決力や異質なものを組み合わせる力などの AI で代替しにくい能力で価値創造を行う人材が求められる」（政府広報, 2018）と述べられています。この能力は「課題設定力、目的設定力」「データ活用や IT にかかる能力・スキル」、「コミュニケーション能力・リーダーになる資質」、「分野を超えて専門知や技能を組み合わせる実践力」で構成されていると考えられ、体育を通じて AI で代替しにくい能力を養う視点が求められます。

4.　よりよい授業に向けて

　エドモンソン（2014）によると、人は不安を抱えると失敗を恐れるようになり、自ら積極的に周囲に自身のアイディアなどを発信しにくくなる傾向があります。すなわち、Society5.0 で養いたい創造性を育むことの阻害要因になるのです。教師がどんなに子どもたちに創造性を育もうと授業を工夫したところで、学習者である子

どもが周囲の友だちや教師との人間関係などについて不安を抱いていたら効果的な学びは生み出されません。Society5.0 において、学校で意図的・計画的に創造性を育成していくにあたり、教師が念頭に置かねばならないことは、今まで以上に学級づくりが重視されるということです。全ての子どもたちが心理的に安心して体育に取り組める環境を学級内で構築することがまずは最優先にされることではないでしょうか。

　加えて、「付加価値の源泉の変化に対応し、能力・スキルを生涯アップデートし続け、ひとりひとりがプロフェッショナルとしての価値を身につける」（経済産業省，2017）と述べられているように、社会に出て職業に就いた後も、生涯にわたって学び続け、自身の能力やスキルを絶え間なく研鑽し続けることが重要だと考えられています。したがって、我々は学習者たちに常に学び続けることの価値と意義を学ばせるとともに、教師自身が学び続ける姿勢を示し続ける必要があるかと考えられます。

【引用参考文献】

エイミー・C・エドモンソン著，野津智子訳（2014）「チームが機能するとはどういうことか」英治出版.
　　pp.150-194.
経済産業省（2017）第 4 次産業革命について「産業構造部会　新産業構造部会」における検討内容.
文部科学省（2009）教育の情報化に関する手引き作成検討会（第 5 回）配布資料
文部科学省（2020）GIGA スクール構想について（第 6 回特別部会資料 1-1）
内閣府（2019）「AI 戦略 2019」の概要と取り組み状況（資料 1）
成家篤史（2020）小学校体育科の学びの土台. 帝京大学初等教育研究会.「小学校教師の専門性育成」
　　現代図書. pp.58-64.
成家篤史（2021）Society 5.0 の体育とダイバーシティ―AI にかわる創造性と「誰一人取り残さない」体
　　育―. 女子体育 2, 3 月号. pp.12-15.
奈須正裕（2017）「『資質・能力』と学びのメカニズム―新学習指導要領を読み解く」. 東洋館出版社.
　　pp.134-136.
政府広報（2018）未来投資戦略 2018―「Society5.0」「データ駆動型社会」への変革―. pp.1-14.

Society 5.0 時代の真正の
生涯スポーツの考え方

村瀬浩二（和歌山大学）

1. 非認知能力

　近年、「非認知能力」に関する研究結果が多く報告されています。これは、IQや記憶力、学力などテストで測定できる能力を「認知能力」と呼ぶのに対し、テストで測定できない能力を「非認知能力」と呼ぶものです（図1）。その内容は特に目新しいものではありませんが、近年になってこの重要性が示されました。

　これまで学校は入試を意識し、認知能力を評価の対象としてきました。この認知能力は、試験で測りやすく数字として表現しやすいという特徴を持っています。逆に

図1　認知能力と非認知能力

言えば、学校では数値にできる側面しか評価してこなかったのです。一方で、学校現場ではこれまで非認知能力も重視されてきました。コミュニケーション能力や自尊心の低さについては、学校での活動に参加しないことや、将来の生活に不安を感じるなど、学校の先生方は体感的に理解されているでしょう。この非認知能力、特に勤勉性や自制心について近年、さまざまな研究結果が示されました。

1.1　自制心

　例えば、Moffit（2011）は子どもの自制心を測定し、その30年後まで追跡調査しました（図2）。その結果、子どもの頃の自制心が30年後の収入や社会的地位、健康状態に影響を与えていました。これは、自制心、つまり自分をコントロールできる子は、30年経っても勉強や仕事を我慢強くこなすことができるし、食事や運動など健康習慣を保つことができる、逆に自制心の低い子はすぐに嫌になって勉強や仕事を投げ出してしまう、食事は暴飲暴力を繰り返す、運動習慣も3日坊主になる

と解釈できます。

同様の研究結果がほかにも多く出ています。有名なのはアメリカで行われたマシュマロテストです。これは、幼児の前にマシュマロを置いて、「私が戻って来るまでに食べないで待っていたら、もう一個マシュマロをあげるよ」と言って、実験者は部屋を出ます。その後、幼児が 15 分間食べるのを我慢できるかを観察した

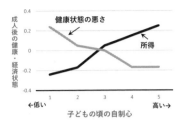

図2　子どもの頃の自制心が成人期に与える影響（Moffitt (2011) より作成）

テストです。この実験の結果、2/3 の子どもが我慢できずにマシュマロを食べてしまい、1/3 の子どもが食べないで我慢しマシュマロをもう一つもらいました。

この実験の 12 年後、この子どもたちが高校生になったときに大学進学適性試験（SAT）という試験を受けます。この試験で我慢できた 1/3 の子どもたちは、食べてしまった 2/3 の子どもたちより 210 点（2400 点満点）ほど高い点数を取ったと報告されています。この結果も、学力を支えるのは自己をコントロールする能力によるものと解釈できます。考えてみれば、当然の結果です。人は常に、食欲や睡眠欲など低次元の欲求を抱えていますし、学業をすることに対してストレスを感じた時、低次元の欲求を抑えられなければ成績は下がり、抑えられれば成績は上がります。この実験では、幼小期に自制心の原形が決まってしまうことを示しています。

1.2　勤勉性、GRIT

自制心は自身をコントロールできる能力です。例えば、生活の習慣を守る、自身の情動をコントロールするなどさまざまな面で役立つでしょう。しかし、これは自身を抑制する方向に捉えられがちです。後に論じますが、これからの社会において自身を抑制できるだけでは、必要とされる人材には成長できません。ものごとを我慢強く続けられるということは、そのようにコツコツ続けることが好きであったり、そのような場面でも楽しみ方を見つけたりできる人ではないでしょうか。その意味では、自制心より「勤勉性」が今後の社会において重要となるでしょう。

勤勉性は、我慢強く真面目に取り組み続けられる能力を指します。中学生時代の勤勉性の高さは、社会人になった後の年収に差を付けると報告されています（石田ら，2014）。さらには、学力や貯蓄、身体的健康、精神的にも大きな影響を与えることも明らかになっています（高橋ら，2011）。つまり、真面目に取り組み続けられる人は、将来、職業や健康面においてさまざまな成功を収めることを示しています。同様の意味で Duckworth（2007）は、我慢強く続けられる能力を「GRIT」と

呼び、この能力の高さがさまざまな成功を導くと述べています。例えば、全米スペリングコンテスト（日本の漢字検定のような子ども向けイベント）の決勝進出者と予選敗退者を比べると、決勝進出者の GRIT は高く、学習時間も長かったそうです。また、教育困難校と言われる学校に配属された教師のうち、GRIT の高い教師の学級は高い学習成果を納めたと報告されています。

　このように、勤勉性や GRIT の高い者は、困難な状況にあってもそれを乗り越えていきます。このような人たちは、困難な状況に陥っても、ただ我慢強く耐えているわけでなく、その状況を乗り切るためにさまざまな試行錯誤を繰り返し、解決策を探し続けるでしょう。そこには、チャレンジすることを「楽しむ能力」があるのでしょう。

2.　楽しむ能力

　同じ場面にいても楽しめる人と、つまらなさそうにしている人が居ます。この違いは何でしょうか。例えば、スポーツ場面において参加する場を作ったり、参加者全員を楽しませようしたりして頑張る人がいます。一方で、そのような場にいても、つまらなそうにする人や積極的に参加しない人もいます。私は、この違いを「楽しむ能力」にあると考えています。

　話は変わりますが、戦後の経済成長のなか、日本人は決められた目標、課された仕事をきちんとこなす能力がとても高いとされてきました。この能力を受動的勤勉性（東, 1996）と呼びます。これは、課された目標に向かって従順に仕事をこなす能力ですが、自身で想像・創造した方法で動いているとは限りません。他者に決められた目標に向かって動いているのであり、これまで日本人が得意としてきた能力です。しかし、この受動的勤勉性には、仕事のなかに楽しさを見出したり、創造したりする必要はありません。

　今後、Society5.0 社会を生きる人にとって、受動的勤勉性は必要なくなるでしょう。なぜなら、人に言われたことを忠実に実行する能力は、基本的に AI に取って代わられます（総務省, 2018）。さらに AI は、ネットワーク上の膨大なデータを元に、ある程度の判断も下すことが可能です。そうなると、今まで人が行ってきた仕事の半分以上が AI に取って替わられていくのです。これは、私自身、数年前まで夢物語に思えていましたが、自動運転が実現されつつあり、海外の人との Web 会議に AI による同時翻訳が入るの目の当たりにすると、この変化は着実にやってくると確信しています。今の子どもたちが大人になる 20 年後には、人間に求められる能力は大きく変化するでしょう。20 年後の将来、人間に求められる能力は創

造性や対人コミュニケーション、多様な人々の間で新たな取り組みや文化を創出することなどに変わるでしょう。今後、単純な労働が AI に取って替わられるなか、人間の仕事は「価値」や「意味」を創造することにシフトしていきます。前述の楽しむ能力は、どんな場面でも自分なりの「価値」や「意味」を生み出せる能力といえます。

　現代の仕事で言えば、美しさや憧れを生み出す芸術家やエンターテイメントの世界がその代表です。しかし Society5.0 時代においては、美しさや格好良さに留まらず、人に価値があると感じさせるものを生み出すことが人間の役割となります。

3.　Society5.0 時代の生涯スポーツ場面

　このような変化は、特に余暇や健康を対象とした仕事以外の生活においてさらに顕著となるでしょう。歴史的に見れば、電卓の発明によって人の計算能力（暗算能力）、また、ワープロの出現によって漢字を書く能力が「奪われて」います。ですから、Society5.0 の社会では AI が進化し、電気や水道、また最近ではスマホのように人にとってインフラとして必要となります（栗原ほか，2018）。そうなると、肉体労働の減少、移動の省力化、家事の自動化、さらにはナノマシンによる医学の進歩、ネットワークの普及によるコミュニケーションの多様化が予想されます。すると、健康やコミュニケーションを目的としたスポーツ実践の減少が予想できます。

　しかし、スポーツ実践自体は減少しないでしょう。なぜなら、そこにはスポーツによる自己実現や文化的価値といった、「意味」や「価値」がクローズアップされることになるからです。つまり Society5.0 時代には、人々は自らスポーツに対して「意味」や「価値」を与えることができるようになります。実は、現在においてもこのような「価値」や「意味」を創造する能力は、生涯スポーツの実践・継続に必要な能力です。なぜなら、生涯スポーツ場面では、「人に勧められたから」や「健康のため」といった外発的動機づけだけでは継続が難しく、より主体的な内発的動機づけを持つことが、生涯スポーツ継続に重要であるからです。このことは、Society5.0 時代には、より顕著な傾向となるでしょう。

　この内発的動機づけは、自分にとっての「意味」や「価値」を創造した結果と言えます。それは例えば、夢中になれる、スポーツで人と共

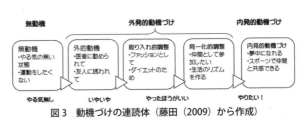

図 3　動機づけの連読体（藤田（2009）から作成）

感するのが楽しい、目標に到達した達成感が素晴らしい、新たな挑戦を続けられるといったスポーツ実践での実感です。さらには参加する人たちが笑顔になる、子どもたちの成長を見ることができる、スポーツを通して仲間と繋がることができるといったことでも、生涯スポーツ場面においては内発的動機づけと言えるでしょう。そこには社会とのつながりのなかで、自分にとってのスポーツの意味や価値を創出する過程があります。

　このような意味や価値の創出は、誰にでもできるわけではありません。例えば、①スポーツのなかでしか得られない達成感を感じた、②目標に到達するまでにさまざまな想いを仲間と共有できた、③プレーするなかでいろいろな創造ができたといったことは、自身でスポーツの楽しさを発見したといえます。このような経験をポジティブに捉えられることが「楽しむ能力」です。逆に、先述の①〜③のような経験を、楽しさと感じられない人もいるでしょう。それは、①「達成できなければこの努力は無意味でつらいだけだ」と捉える人、②自己中心的で、人が自分と合わなければストレスを感じる人、③「ごちゃごちゃ迷うのが嫌なのでやり方を教えて欲しい」と考える人、などネガティブに捉える人はこれらの経験を楽しさと感じられません。スポーツ場面での運動経験や仲間との共感の体験をポジティブに受容することが、楽しみを創造する能力と言えます。そして、このようにものごとをポジティブに捉え、その限られた環境のなかでできることを創造し、楽しむ能力こそが、主体的な学習の根幹となります。

4.　現代の体育場面における子どもの変化

　ある器械運動の研究授業で、側方倒立回転を行っていました。子どもたちは、練習する過程で、タブレット端末をマットに置きながらその上を側方倒立回転で回って通過する試みをしていました。ここでタブレット端末に映る映像は下から撮った子どもの目になります。この日の課題は、2つの掌と目で三角形を作ろうという課題でした。子どもたちは、目線がきちんと下を向いているかチェックする必要を感じたのでしょう。子どもたちの発想として、タブレットに映った目線を見ることがチェック方法となると考えたのです。彼らにとってこの方法は、課題を解決するための方法として考え出した1つの選択でした。しかし、後の協議会において、参加者の方々はこの方法をネガティブに評価し、タブレットを見ながら側方倒立回転をしても、技能の上達には関係ないという意見で溢れました。しかしこれは、技能の上達という目標から見た捉え方です。一方、タブレットを置いた子どもたちは、そこに映る自身の目線を見て、自分の体の動きを想像しながら、これでどうだろうと

思いを馳せているのです。このように想像し実践する過程が、主体的な学びと言えます。つまりこの場面で、タブレットはこの主体的学びを引き出すツールとして役立ちました。それが役に立つかどうかを判断するのは、これを考えた子どもであり、教師であってはならないでしょう。

　また、タブレット端末を使って学習してきた子どもたちは、自身でその必要性を判断できます。ペア縄跳びの単元において、授業ごとに動画を提出するよう指示しました。すると、子どもたちは授業の終わりまでタブレットを使いません。授業の終わり間近の時間になって、今日の成果として先生に提出するために、急いでタブレットを取りに来て撮影します。教師の意図としては、授業中にその動画を使って振り返って欲しかったそうです。しかし、子どもたちは、自分で使う、使わないを判断し、課題として課された動画提出のみに用いていました。

　このように ICT が導入された環境で育ってきた世代は、その必要性を自身で判断し、価値づける能力を身につけています。

5.　これからの子どもたちが身につける力

　Society5.0 の社会では、人間に求められる能力が大きく変化し、余暇時間はその象徴となるでしょう。そこでは、人が自ら価値判断をし、価値を創造することがスタンダードとなるでしょう。そうしてスポーツに対して自ら価値を生み出し、楽しむ能力を持つ人がスポーツ実践を継続できます。

　これまで体育場面ではタイムシフト再生や、ゲーム場面での動画による振り返りなどに使われてきました。しかし、子どもたちにその必要感はあるでしょうか。ICT に触れて育ってきた子どもたちは、その必要性を判断できるようになっています。自ら判断し、価値を見出すことを学んだ子どもたちにとって、その使い方を創造することに意味があるでしょう。

【文献】
チクセントミハイ，M (1996) フロー体験 喜びの現象学．世界思想社．
Duckworth, A. L. et al. (2007) Grit. Perseverance and passion for long-term goals. Journal of Personality and Social Psychology, 92(6), 1087.
藤田勉（2009）体育授業における動機づけ因果連鎖の検討．鹿児島大学教育学部研究紀要．教育科学編 61，47-73
栗原聡ほか（2018）人工知能と社会 2025 年の未来予想．オーム社．
Moffitt. T. E. et al. (2011) A gradient of childhood self-control predicts health, wealth, and public safety. Proceedings of the National Academy of Sciences, 108(7), 2693-2698.
無藤隆（2016）生涯の学びを支える非認知能力をどう育てるか．これからの幼児教育，ベネッセ教育総合研究所．
総務省（2018）平成 30 年度版情報通信白書．総務省．
東洋（1994）日本人のしつけと教育 発達の日米比較にもとづいて．東京大学出版会，東京．

Society5.0時代の体育カリキュラム

鈴木直樹（東京学芸大学）

1. カリキュラムとは？

　カリキュラムは、「走る」という言葉が転じて、学校で教えられる科目やその内容および時間配当など、学校の教育計画を意味する言葉となったといわれています。このカリキュラムに対して、本書の第1章第1節でKirk先生が述べるように、時間割に代表される学校での時間と教室に代表される学校の空間の組み合わせが大きな影響を与えます。そして、このような時間と空間の支配的な構成が、これまでの体育に特徴的であった運動種目を配列し、その技術指導を中心に行う体育につながっていたといえます。すなわち、Kirk先生の言葉を借りるならば、伝統的な時間と空間の考え方に支配されるカリキュラムの考え方が、「スポーツ技術に基づく多種目プログラムである体育」カリキュラムを継承してきた大きな要因だったといえます。

　Society5.0は、サイバー空間（仮想空間）とフィジカル空間（現実空間）が高度に融合した人間中心の社会といわれます。サイバー空間では、フィジカル空間で収集されたビッグデータを人工知能（AI）が解析し、その解析結果が再び、フィジカル空間の人間に様々な形でフィードバックされることで、これまでには出来なかった新たな価値が学校教育にももたらされると考えられています。それは、カリキュラムにおける時間と空間の考え方を脱構築し、カリキュラム開発上の意思決定方法を転換していくといえます。

　一般的にカリキュラムとは「教育課程」と同義で捉えられることが多く、「事前に立てられる指導と学習の計画」と考えられてきました。一方、天野（2001）はカリキュラムを、「学校の教育目標を実現するために、文化的諸領域や人間の経験活動から選択した教育内容を、子どもたちの心身の発達に応じて、授業時数との関連において教師が組織・配列した教育内容計画であり（計画カリキュラム）、その計画にもとづいて展開される子どもたちの活動・経験をも意味する（実践カリキュラ

ム）。」と定義しています。この定義の中に二箇所の下線を入れました。私はこの波線部に対する解釈の違いが、「これまで」と「これから」の境を構成していくと考えています。すなわち、「これまで」は、「学校・学級の子どもたち」といったように集団で把握しようとしてきたと思いますが、「これから」は「一人一人の子ども」といったように個人で把握しようとするところに違いがあると思っています。

2.　カリキュラム開発

　カリキュラム開発で重要なのは、スコープ（学習の内容）とシークエンス（学習の順序）であるといわれ、これらがカリキュラムの基本構成要素であるとされています。スコープとは、学習の範囲または領域のことを指し、シークエンスとは、学習の内容を発達段階に応じてどのように配列するかという順序のことを指します。このように、「何を」「どのように」指導、学習していくかを考えることがカリキュラム開発といえます。例えば、これらの組み合わせの違いに応じて、カリキュラムには、「教科カリキュラム」「経験カリキュラム」「コアカリキュラム」「人間中心カリキュラム」「螺旋形カリキュラム」などと言われる様々な形式が存在しています。

　伝統的に、カリキュラムはコンテンツ（知識・技術）の習得に重点がおかれ、その内容の範囲と配列に関心が注がれていました。しかし、1990年以降は、単なる知識や能力だけではなく、技能や態度をも含む様々な心理的・社会的なリソースを活用して、特定の文脈の中で複雑な要求（課題）に対応することができる力である「コンピテンシー（資質・能力）」の育成に注目が集まるようになります。さらに、2000年代以降になると、コンテンツとコンピテンシーを別々に考えるのではなく、コンテンツと分かち難く結び付けて考えるようになってきました。

　例えば、運動種目で必要とされる技術や知識を段階的に学び習得していくと考えるようなカリキュラムはコンテンツベースのカリキュラムといえます。一方、体育での学習活動を通して、批判的思考力や協働する力などの資質・能力を育んでいくことを考えたカリキュラムはコンピテンシーベースのカリキュラムといえます。現代は、学校で学ばれたことが、学校教育を修了した後の社会で生かせる力になっていることが強く求められ、教科横断的な視点が強調されるようになっていることから、カリキュラムマネジメントが大切とされています。このように考えていくと体育や保健体育といった単独の教科の学びだけでのカリキュラム開発は不十分です。小学校のように学級担任制であれば、比較的ハードルが低いかもしれませんが、中学校や高等学校のように教科担任制の場合、そう簡単にはいきません。そこで、教科横断的な学びをテクノロジーの力を借りて分析し、学びの「いま―ここ」

を明らかにし、フィードバックしてカリキュラム開発を行なっていくことが考えられるのではないかと思います。そのために学びのプラットフォームは、Learning Management System（LMS）といった形で整備されつつあるように思います。今後は、そこに収集されたデータ分析にも AI などの活用が期待されます。

3.　個別最適化されたカリキュラム

　我が国では、小学校、中学校、高等学校等ごとに、それぞれの教科等の目標や大まかな教育内容を定めている「学習指導要領」が存在しています。また、学校教育法施行規則で、小・中学校の教科等の年間の標準授業時数等が定められています。そして、各学校が、「学習指導要領」や年間の標準授業時数等を踏まえ、地域や学校の実態に応じて、カリキュラム編成を行うこととされています。

　これは、地域による違いを踏まえたカリキュラム編成といえますが、個別な違いに目を向けることができていません。しかし、上述したように Society5.0 のようなサイバー空間とフィジカル空間が高度に融合した状況では、カリキュラムを個別最適化したものにできるのではないかと思います。伝統的に、カリキュラム編成の大前提として、学齢でまとめられた一定の集団が同じ場所に集まって、同じ内容を学ぶということがあると思います。そこで、その「集団」に適した内容と配列という観点でカリキュラム編成が行われてきたといえます。一方、高度な情報技術の支援により、そのような状況をも転換させていくことが可能であると思われます。すなわち、個に合ったカリキュラム開発とカリキュラム実施をすることができるようになるのではないかと考えます。

　そして、「何を経験したか」ではなく、「どんな力を育んだか」という視点から学習者のニーズを把握し、柔軟にカリキュラム開発をしていくことができるようにしていく必要があります。それ故に、学習評価、カリキュラム評価、そして、授業実践がシームレスに機能するようになって、カリキュラム開発がなされていく必要があります。

4.　静的なカリキュラムから動的なカリキュラムへのシフト

　カリキュラムについて議論する場合、教育課程や学習指導案のような「計画したカリキュラム」や、教師が「教えたカリキュラム」という視点から論じられることが多いと思います。しかし、天野（2001）の指摘にも見られるように「学んだカリキュラム」まで求められるようになってきています。

　とりわけ、説明責任が強く求められる今日、「教えたこと」に対して「学んだこ

と」の履歴を考えることは重要な指摘であるように思います。このように「事前に計画したカリキュラム」と「教えたカリキュラム」と「学んだカリキュラム」が一体化するときに、高い教育性を発揮することができると考えます。Society5.0における超スマート社会がもたらす高度な情報技術は、これらのカリキュラムを一体のものとする役割を担うことが期待できます。すなわち、カリキュラム開発は、一部の人間が行うことではなく、教師も、さらには学習者も参加し、AIなどのサイバー空間からのフィードバックも加えて、実践されなければなりません。カリキュラム開発をもっと身近な問題として考え、授業実践と一体化した中で、それを考えていかなければなりません。

　また、「学んだこと」を考える上で重要になるのが、「潜在的カリキュラム」（hidden curriculum）といわれるものです。これは、学習者が指導計画にそった教師の意図的明示的な指導によって獲得していく技術・知識や価値観や情操能力のほかに、教師が意図しないのに、暗黙裡に人間形成に影響を及ぼしたとき、影響を及ぼしたものを概念化したものです。授業実践を考える上では、「顕在的カリキュラム」（manifest Curriculum）のみならず、「潜在的カリキュラム」をも考える必要があり、この二つのカリキュラムが整合・補完の関係にある時によりよく学びに機能することになり、学習者の学びはより深まっていくと考えられます。

　しかしながら、「潜在的カリキュラム」は「隠れたカリキュラム」と言われるように、見えにくいものです。これは、学習の結果、あらわれるような行動様式の中に見出すことができるものといえます。そういった意味では、まさにビッグデータが必要になります。そして、教科内だけの学びだけでなく、普段の生活の中にそれを見取ることができると思います。したがって、教科の枠組みにとらわれないような学習成果データが必要であり、そういった意味でもビッグデータをAIが分析していくような仕組みが必要になってくるといえます。

　このように顕在的カリキュラムの配列である静的なカリキュラムから、顕在的カリキュラムの中で学ばれていることを潜在的カリキュラムという視点も含めながら捉え、カリキュラムの再構成を行いながら動的なカリキュラムへの転換を促していく必要があると思います。こうなってくると、カリキュラムといって年間計画がイメージされる現状から、子どもの成長している姿がイメージされるようなカリキュラムの基本的な考え方へと転換していくのではないかと思います。

5.　Society5.0時代の体育カリキュラム開発

　このようにカリキュラムを「教育課程」という意味を超えてとらえるということ

は、体育カリキュラム開発の転換へもつながるといえます。そこで、ウィギンズ＆マクタイ（2012）は「逆向き設計の3段階」が大切であるとしています。つまり、授業設計は、目標→計画→実践→評価のプロセスで実施されることが一般的ですが、「目標（結果）→評価方法（証拠）→学習経験と指導」を予め計画しておくほうがよいとしています。つまり、最終的にもたらされる結果からさかのぼって設計されること、また指導後に考えられがちな評価方法が先に構想されることが重要だと考えています。すなわち、期待したい姿を明確にし、それを把握するための根拠となるものを適切に情報収集する評価プロセスから考えるということです。私は、このようなことを考える上で、Lund & Tannehill（2004）が整理し、実践されているStandards Based PEのカリキュラムの考え方が参考になると考えます。そこで、以下にこれを参照してSociety5.0 時代の体育カリキュラムの方向性について考えていきたいと思います。

　スコープとシークエンスは、スタンダードを踏まえながら、学習者の発達段階と学習経験に適切に即して考えていくことが重要であると考えられます。このように、スタンダードからスコープとシークエンスを導くということは、カリキュラム開発の一つの視点になりえるように思われます。

6.　米国のスタンダードから学ぶ

　表1は、米国の2004年と2014年の体育のスタンダードを比較した表です。

　2014年のスタンダードの内容に関する変更は、学習したことが評価可能になるように配慮されています。また、2010年に、英語と数学の共通のスタンダードであり、指導内容に焦点化した「州共通基礎スタンダード」（CCSS：Common Core State Standards）が発表され、2014年のナショナル・スタンダードは、CCSSと同様の理念から改訂されました。そこで、スタンダードは、目標というよりもむしろ指導内容が明確になるような言葉で表現され、作成されています。この指導内容とは、子どもたちにとって身体活動に参加するために必要とされる適切な知識と技能であると考えられています。その結果、2004年のスタンダード3とスタンダード4は体育の目標になる一方で、指導内容が曖昧であり、指導内容を知識や技能という観点から導きやすくする為に統合されました。このように、2014年の改訂では、スタンダードは、教師が指導したことを学習の中で評価可能なものに限定し、そのことによって教師の説明責任を保障することができるように作成されています。2014年時点では、評価可能というものは観点ごとに独立したものを成果として把握することしかできなかったと思います。すなわち、このスタンダードは

表 1　2004 年と 2014 年のスタンダード比較

2004 年版（NASPE, 2004）	2014 年版（SHAPE, 2014）
スタンダード 1	スタンダード 1
多様な身体活動を行うために運動技能や運動様式を身につけている。	身体的に教養のある個人は、いろいろな運動技能と動きのパターンで能力を発揮する。
スタンダード 2	スタンダード 2
運動の概念や作戦、戦術を理解し、学習場面や実践で適用する。	身体的に教養のある個人は、動きとパフォーマンスと関係がある概念、原則、方策と戦術の知識を適用する。
スタンダード 3	スタンダード 3
日常的に身体活動を行っている。	身体的に教養のある個人は、知識と技能が健康を高めるレベルの身体活動とフィットネスを達成して、そして維持するための知識と技能を発揮する。
スタンダード 4	
フィットネスの水準が健康を増進するレベルに達し維持している。	
スタンダード 5	スタンダード 4
身体活動の場で自他を尊重し、責任ある個人的・社会的行動を示す。	身体的に教養のある個人は、自己と他者を尊重する責任がある個人的な、そして社会的な態度を示す。
スタンダード 6	スタンダード 5
健康や楽しさ、挑戦、自己表現、社会的交流など、身体活動の価値を認める。	身体的に教養のある個人は、健康、楽しみ、挑戦、自己表現そして／あるいは社会的相互作用のための身体活動の価値を認識する。

　ある意味、妥協の産物であったとも考えます。しかし、現代のように高度に情報技術が発展した世の中では、こういった構成要素を有機的に結びつけて、他の要素との関連の中で包括的かつ総合的に学んだことを評価することが可能になると思います。具体的な評価システムの運用にはもう少し時間はかかるかもしれませんが、Society5.0 時代はホリスティックに学びを評価し、そこから学びの地図であるカリキュラムをオーダーメイドで作り出していくことが可能になると考えます。

　これまで、学習集団を一つとして捉え、教科内容を選定し、同じように提供していくようなシステムの中では、その習得状況に基づいて他者との競争が生まれ、優劣に基づいて運動への好嫌が決定されるような状況が生まれていました。しかし、このようなカリキュラムの転換は、能力の高低ではなく、自分が作り出していった学びの独自性が尊重され、その違いの中から学び合いの創造がなされていくと考えることができると思います。そのような意味でも、個々人が大切にされる未来志向のカリキュラムになっていくことが期待されます。

　以上、2014 年版の米国のナショナル・スタンダードでは、スタンダード毎に発

達段階に応じた指導内容の明確化を導き、それに伴ってコーディング・システムや運動カテゴリーなどカリキュラム作成上の明確な手がかりも提供されているのが大きな特徴です。これは、カリキュラム開発上の進化であったともいえると思いますが、Society5.0 時代の体育では、運動の行い方に段階があるわけではなく、それぞれの「いま―ここ」から方向目標として目指すスタンダードに向けて学び深める内容とそれを支える活動の履歴として編成されていくものになるといえます。

　教師の体育指導に対する説明責任を保障するとともに、より真正の学びを体育授業で実現することが期待されている現代にあって、高度に発達した情報技術を適切に活用することにより、子どもたちが生涯に渡って運動にかかわり続ける力の育成に向けて、個別の学びの状況を踏まえつつ、一人一人の個が生きる対話的な学びを支えるカリキュラム開発が求められている時代であるといえます。

7.　質の高いカリキュラムの実現に向けて

　以上、Society5.0 時代の体育カリキュラムは、個別最適化された学びを支えるカリキュラムとなっている必要があるといえます。それは、サイバー空間とフィジカル空間を高度に融合させた世界の中での学習評価とフィードバックプロセスに支えられながら、カリキュラム開発とカリキュラム実施、カリキュラム改善が一体となって行われていくものであると考えられます。すなわち、計画したことは、それが円滑に実施されるようにするだけでなく、計画を状況に応じて修正していくような柔軟なものであり、そのように歩んできた学びのカリキュラムが、これからの学びを計画したカリキュラムになっていくという循環するカリキュラムとなる必要があります。その為にも、デジタルデータによる学びの記録は、蓄積され受け継がれていく必要があると共に、それはただ受け渡されるだけでなく、総合的に分析され、フィードバックとして情報提供されることによって、質の高いカリキュラムが開発されていくようなものにならなければなりません。

【参考文献】
天野正輝（2001）カリキュラムと教育評価の探究. 文化書房博文社.
Lund, J. & Tannehill, D. (2015). *Standards Based Physical Education Curriculum Development* (3rd Ed.). Sudbury, MA: Jones and Bartlett Publishers.
NASPE (2004) Moving into the future, National Standards for Physical Education, Second Edition, McGraw Hill.
G. ウィギンズ& J. マクタイ著：西岡加名恵訳（2012）理解をもたらすカリキュラム設計―「逆向き設計」の理論と方法. 日本標準, p.22.
SHAPE America (2014) National Standards National Standards & Grade-Level Outcomes for K-12 Physical Education. Human Kinetics.

Society 5.0 時代の教員養成・教員研修

中島 寿宏（北海道教育大学札幌校）

1. これからの時代に求められる教師の力

年々、変化のスピードが速くなってきている現代社会ですが、最近では、Society 5.0 と呼ばれる次なる未来社会への移行の重要性が指摘されています。内閣府は Society 5.0 について、「IoT（Internet of Things）で全ての人とモノがつながり、様々な知識や情報が共有され、今までにない新たな価値を生み出すことで、これらの課題や困難を克服します。また、人工知能（AI）により、必要な情報が必要な時に提供されるようになり、ロボットや自動走行車などの技術で、少子高齢化、地方の過疎化、貧富の格差などの課題が克服されます。社会の変革（イノベーション）を通じて、これまでの閉塞感を打破し、希望の持てる社会、世代を超えて互いに尊重し合あえる社会、一人一人が快適で活躍できる社会となります」と説明しています。我が国の将来を担う子どもたちが、Society 5.0 を生き抜くための力を伸ばすことができるように、これからの社会における学校教育や教師に求められることも変容していくと考えられます。

文部科学省（2018）は、これからの社会で求められる力として、「①文章や情報を正確に読み解き対話する力、②科学的に思考・吟味し活用する力、③価値を見つけ生み出す感性と力、好奇心・探求力」の 3 つを挙げており、これからの学校教育では子どもたちが社会の急速な変化に柔軟に対応できるための資質・能力の育成が必要だと示しています。さらに、文科省では、以下の 5 点を「目指すべき次世代の学校・教育現場」と掲げ、GIGA スクール構想の実現を見据えた施策を進めています。

・学びにおける時間・距離などの制約を取り払う（遠隔・オンライン教育の実施）
・個別に最適で効果的な学びや支援（個々の子どもの状況を客観的・継続的に把握・共有）

- プロジェクト型学習を通じて創造性を育む（文理分断の脱却と PBL による STEAM 教育の実現）
- 校務の効率化（学校における事務を迅速かつ便利、効率的に）
- 学びの知見の共有や生成（教師の経験知と科学的視点のベストミックス［EBPM の促進］）

　特に、教師の仕事の中心的な位置付けにある授業についての深い理解や指導の技術は、教師の専門性としての最重要であることは間違いないと言えます。教職は高い専門性に裏付けられた判断を必要とする専門職であり、教師は普段から授業力や指導技術を向上させるための努力を続けてきました。現在は、これまで教育現場にはなかった視点や能力が学校に求められており、教師たちはこの急激な変化に適応しながら自身の授業力や業務をアップデートしていくことが必要でしょう。今後は、教員養成段階での教科教育系の授業や、学校内外での教員研修などでは、新たなテクノロジーを授業や指導に活用できるような内容に対するニーズが大きくなると考えられます。

2.　テクノロジーを活用した授業研究

　熟練の教師たちの授業力は、経験や勘によって磨かれてきたと考えられ、伝えることが難しいと言えます。授業が上手い教師たちが、授業の何を捉えどう判断して授業を進行したり子どもたちと関わったりしているのかについては、なかなか明らかにはできません。だからこそ、教師同士の教え合いや学び合いによって、徒弟的に学ぶ環境を作ることで教師の知識や技能を伝えようとしてきました（姫野, 2019）。我が国の教育現場では、教師の授業力・指導力を高めるための方法として、「授業研究」が中心的な存在でした。教師が授業を構想・計画し、その実践を同僚や見学者の前で行った後に、検討会・反省会の中で一緒に振り返るという一連の流れが一般的です。現在の「授業研究」では、教材研究や指導案づくりといった実践前の検討よりも、授業の結果としてどのような学習成果が得られたのかということに基づいた振り返りが重視されるようになっています（鹿毛ほか, 2017）。

　最近では、様々なテクノロジーの発展により、これまで教師が経験的にしか捉えられなかった多くの事柄が、見える形で認識できるようになってきています。特に、GIGA スクール構想をベースとした学校における児童生徒の 1 人 1 台の PC・タブレットの使用などによって、教材開発の大幅な前進だけではなく、子どもたちの様々な学びの様子を表すデータの収集や蓄積が比較的容易に行えるようになりま

す。永田ら（2005）は、TP（ティーチング・ポートフォリオ）をデジタル化することで、教師が授業反省でのコミュニケーションに大いに役立つことを指摘しています。これからの教員養成や教員研修では、様々なデータを有効に利用して授業改善を行ったり、教師自身の授業力を高めたりする方法について、積極的に取り扱うことが不可欠となるでしょう。

　ここでは先進的なテクノロジーを用いた授業分析・授業研修の例を1つ紹介します。北海道教育大学附属札幌中学校では、保健体育の授業で子どもたちが授業内で使用する学習カードの記述内容をデータベースとして蓄積し、その記述内容をテキストマイニングによる解析をすることで、子どもの学びの状況を客観的に捉えたり、授業者が自身の授業の状態を振り返る材料としたりする、という試みを行っています。図1は、中学校1年生のバレーボール（球技・ネット型）において、子どもたちが授業の振り返りとして記述した内容をデータとして一括出力した後、全体をテキストマイニング処理（NVivoを使用）によって頻出語句をワードクラウドとして自動抽出したものです。この日の授業では、多くの子どもが「ボール」を「パス」「レシーブ」することを課題として意識しており、その解決のためにお互いに「声」をかけ合ってボールを繋ぎ、実際の「ゲーム」で生かすという振り返りを行っていたことがわかります。授業後の教科内での授業カンファレンスでは、事前に授業者が目標として設定していた内容が、子どもたちの振り返りの言葉として表れていたか、もしズレがあるとすればその原因は授業のどこにあったのか、ということなどについて検討されます。そして、次時以降の授業の方針・方法を再確認して、授業展開や教師からの関わり方を判断することとなります。

図1　学習カード記述内容をテキストマイニングによって可視化

　さらに、子どもたちの記述内容について共起ネットワークを出力（KHコーダーを使用）することで、それぞれの語句がどのようにつながりや、まとまりを見せて

いたかを把握することも可能
です（図2）。

　このように、子どもたちの
授業の振り返りについての記
述内容を総体として可視化す
ることで、授業者は「自分の
授業の結果として子どもたち
の学習はどのように進んだの
か」を把握するきっかけを得
ることが可能となります。こ
のようなテクノロジーやデー
タの活用を活用によるさまざ
まな視点からの授業の振り

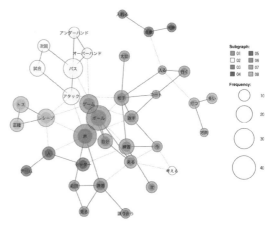

図 2　共起ネットワークによる言葉のつながり

返りによって、教師は自分自身の授業の改善のための手立てを考える機会となるで
しょう。

　子どもたちの振り返りの記述内容に合わせて、授業者の発話内容も可視化するこ
とで、さらに授業の様子を立体的に把握することも可能です。図 3 は、単元計画表
に授業者の発話と子どもの学習カード内容の解析結果を重ね合わせたものです。こ
のように単元全体の流れを全体として示すことで、単元がどのような流れの中で進
んでいったかについて俯瞰して捉えることが可能となります。

　テキストマイニングについては上記で紹介した NVivo や KH コーダーの他にも、
ブラウザ上で無料での使用が可能な User Local の AI テキストマイニングなどもあ
ります。また、最近では GIGA スクール構想による子ども 1 人 1 台の PC・タブレッ
ト配布が進んでおり、授業の振り返りを直接 PC やタブレットに記録・保管するこ
とで、教育データとして分析・活用することが容易になってきています。

　さらに、最近では授業内でのコミュニケーションの状態を自動で解析してくれる
デバイスなども登場しています。例えば、ビジネス顕微鏡®（日立製作所）は、録
音や録画などはせずに、身体の振動と対面状況によって誰と誰がどのくらい会話を
しているかを自動で読み取り、教師と子どもたちや子どもたち同士の言語的なやり
とりの状態を可視化することが可能となります。授業で教師が対話的学習場面を促
す工夫をした場合に、その効果が実際の学習場面でどのように表れているかについ
て、視覚的にデータを得て確認することなどもできるようになっています。

　これからの教員養成や教員研修ではこのようなテクノロジーを活用した授業の

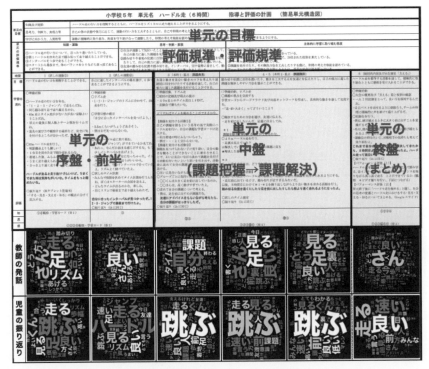

図3　単元計画表と教師の発話・子どもの振り返り

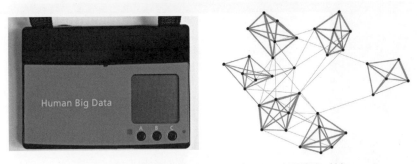

図4　ビジネス顕微鏡（左）とコミュニケーションの可視化（右）

「見える化」による授業改善のための取り組みが多くなると考えられます。実際に、すでに大学での模擬授業で可視化データを収集した分析による授業分析なども演習の1つとして行われています。このようなテクノロジーによる情報活用によって、教員研修や大学の教員養成での授業技術・授業力の育成に向けた取り組みがこれからさらに加速していくことでしょう。

3.　新しい形式での授業研究会の実施

　これまでの一般的な授業研究会の形式は、研究会実施日に公開授業を実施し、その後に授業者、見学者、助言者などで授業についてディスカッションを行う、というものでした。校内研修でも同様に、担当者の授業を校内の教員で見学してその後に検討会を開催するというものです。近年では、このような対面での研究会・研修会以外に、オンライン上での授業研究会・研修会も実施されるようになってきています。図5は、Slackを利用して、授業の単元計画、授業映像や写真、教師の発話、子どもたちの発話、学習カード記述内容、身体活動量の推移など、授業に関するデータをアップロードして、それらを元に授業者と閲覧者がオンライン上でディスカッションしている事例（北海道教育大学札幌小学校の体育授業での研究会）です。この形式での授業研究会では、授業での実際の雰囲気が把握しづらかったり、参加者それぞれの興味に合わせた授業の見方が難しかったりというデメリットがあります。しかし、その一方で、1時間のみではなく単元全ての授業について映像やデータで授業を確認できるため、単元全体での子どもたちの変容を客観的に捉えることが可能となります。また、授業者が研究授業として参加者に着目して欲しい点に焦点を絞ることもできるため、効率の良いディスカッションが展開されるというメリットもあります。さらに、参加者はいつでも時間のある時にSlackにアクセス

図5　Slackを利用したオンライン授業研修会の様子

して、授業データを確認したりコメントでのやりとりをしたりすることができるため、対面での実施よりも時間的な自由度が高くなります。授業データはそのまま残すことができますので、ディスカッションも含めた実践記録の蓄積も容易となります。

　2020 年度は、新型コロナウイルス感染拡大の影響があり、一箇所に集合する形式での授業検討会や研修会が実施できない状態でした。この状況の中、オンラインの形式は感染予防という視点からも有効な方法として普及していくでしょう。

4.　これからの教員養成・教員研修

　近年では、学校の授業では子どもたちが自らの課題発見のために ICT 機器を活用した学習活動の導入が進められてきました。授業の中では、子どもたちは ICT 機器を用いることで、さらに自分たちの課題や疑問がクリアに捉えることが可能となり、より具体的な方法で課題解決に向かうことができるようになります。このことと同じく、教員養成や教員研修においても、新しいテクノロジーを活用することによって教師や学生が自身の授業実践についての問題点や課題に気づくきっかけを得るチャンスが増えるでしょう。これまでの教員研修や教員養成で行われてきた、授業づくり、授業実践、振り返りという流れの中で、授業を省察するための新たな視点や視野がテクノロジーによって提供されることで、教師や教師を目指す学生たちの授業改善・授業力向上につながると考えられます。

【文献】
文部科学省（2018）Society 5.0 に向けた人材育成—社会が変わる、学びが変わる—. Society 5.0 に向けた人材育成に係る大臣懇談会.
文部科学省（2019）新時代の学びを支える先端技術活用推進方策（中間まとめ）.
姫野完治・生田孝至編著（2019）教師のわざを科学する. 一莖書房.
鹿毛雅治・藤本和久・大島崇（2016）『当事者型授業研究』の実践と評価. 教育心理学研究, 64（4）: pp. 583-597.
永田智子・鈴木真理子・森広浩一郎（2005）デジタル・ティーチング・ポートフォリオとしてのブログの可能性. 日本教育工学会論文誌. 29：pp.181-184.

第2章

GIGA スクールを支える体育指導

新しい体育の指導理論

Weiyun Chen（University of Michigan）

1. テクノロジーと学習理論

　テクノロジーは K-12 まで（日本でいう小学 1 年生から高校 3 年生）の体育の全ての領域の学びと指導プロセスを変化させてきました（Gilakjani, Leong & Ismail, 2013; Juniu, 2006; Buchele, Cortina, Templlin, Colabianchi & Chen, 2018; Buchele & Chen, 2018）。テクノロジーは学習者たちの学びと教師の指導の両方を促進するためのツールとなる一方で、学習者たちが期待される学習成果に到達するための阻害要因にもなっています。そこで、テクノロジーは体育の授業中の学習活動、かかわりが豊かな協働学習において、効果的な指導ツールとして、活用方法を工夫することが重要です（Gilakjani, Leong & Ismail, 2013; Juniu, 2006; Buchele, Cortina, Templlin, Colabianchi & Chen, 2018; Buchele & Chen, 2018）。

　伝統的な指導方法に対して、今日的な構成主義的な指導方法を比較すると、構成主義的な学習に基づくテクノロジーの活用は学習者の学習、能力、参加を促しています（Chen & Rovegno, 2000; Chen, Rovegno, Cone&Cone, 2012; Piaget, 1926; Vygotsky, 1978）。構成主義的な学習理論に基づく指導は学習プロセスを促すためのツールとしてテクノロジーを活用するための指導方法を広く提供しています（Gilakjani, Leong & Ismail, 2013; Juniu, 2006; Buchele, Cortina, Templlin, Colabianchi & Chen, 2018）。本節では、構成主義の学習理論に基づく体育指導と体育指導におけるテクノロジーの活用について述べていきます。

2. 構成主義の学習理論

　心理学的構成主義と社会的構成主義の 2 つの学派から派生した構成主義の学習理論には、3 つの主要な考え方があります。

　1 つ目はピアジュによる心理学的構成主義の学習理論です。この学習理論では新たな内容を学ぶために学習者の既有の知識と経験を活用します。この学習理論では

学習者は白紙の状態ではないと考えられています。学習者たちは、今持っている知識構造、知識ベース、思考スキルに基づいて、新しい概念、アイデア、情報、イベントの処理および解釈を行います（Chen & Rovegno, 2000; Chen, Rovegno, Cone & Cone, 2012; Piaget, 1926）。学習者が新しい内容を受け取り、吸収し、既有の知識システムに変換する内容と方法は、彼らがその内容に興味を持ち、それに対する価値意識があるかどうかにかかっています。したがって、学習は既有の知識と経験に基づいて形成されるといえます（Chen & Rovegno, 2000; Chen, Rovegno, Cone & Cone, 2012; Piaget, 1926）。

　2つ目に、学習者は能動的であり、情報を受動的に受け取るものとは考えないことです（Chen & Rovegno, 2000; Chen, Rovegno, Cone & Cone, 2012; Piaget, 1926）。言い換えれば、知識は積極的に形成されます。知識形成のプロセスにおいて、学習者は取得する情報や除外する情報を積極的に意思決定しています。学習者は情報を整理し、新しい情報とアイデアの間の概念的な関係を発展させ、情報の本質を理解し、それから意味を生み出す責任を負っています。彼らは、情報の分析と統合に既有の知識を活用し、問題を解決するために反省的および批判的思考スキルを活用し、新たな知見をデザインするために批判的および創造的思考スキルを活用しています（Chen & Rovegno, 2000; Chen, Rovegno, Cone & Cone, 2012; Piaget, 1926）。一言で言えば、学習者は自律的な意思決定者であり、問題解決者であるということです。

　3つ目に、ヴィゴツキー（1978）は、知識は社会的に形成されていることを強調しています（Vygotsky, 1978）。ヴィゴツキーによると学習とは、人々の社会的・文化的な環境との相互作用を通じて生み出されています（Chen & Rovegno, 2000; Chen, Rovegno, Cone & Cone, 2012; Vygotsky, 1978）。人々は、他者の学習プロセスを観察し、状況に応じた問題に対処することで、知識、スキル、社会的・文化的規範を学んでいます。人々は、より知識が豊富で、熟練していて、有能な他者から学ぶことによって、知識とスキルを発達させたり、習熟させたりします。人々は、他者、コミュニティ、社会との積極的な相互作用を通じて、価値観や信念を形づくったりしています。このような生涯にわたる社会的な学習は見たり真似したりすることを通して、学習者は意味を理解し、社会的および文化的規範を受け入れ、既有の知識と生活経験に基づいて形成していきます（Chen & Rovegno, 2000; Chen, Rovegno, Cone & Cone, 2012; Vygotsky, 1978）。要するに、学習は学習者が真正の社会に参加し、文化的に関連する環境と文脈の中で積極的に参加するプロセスの中に埋め込まれているといえるでしょう（Chen & Rovegno, 2000; Chen, Rovegno, Cone &

Cone, 2012; Vygotsky, 1978)。

3.　構成主義的な体育指導

　構成主義の学習理論に基づいた体育は学習者を知的好奇心が旺盛で反省的な意思決定者および周囲の人々と協働できるように育成することを目的としています（Chen & Rovegno, 2000; Chen, Rovegno, Cone & Cone, 2012）。指導プロセスのいたるところに、構成主義志向の教師たちは下記に示している指導方略を用いることで、学習者たちの学習プロセスにおいて彼らの学びのオーナーシップを得るために意図的に誘い、導き、そして足場がけを行っています。

　　○学習者が学んだことに基づいてフォームを整えたり、体の部位を動かしたりすることについて多様で複数な方法で探求できるように促す。
　　○学習者が自分に合わせたペースや課題の難易度、用具の選択について助言したり、促したりする。
　　○学習者が運動技能および課題を達成するための適切なフォーム / 正しいテクニックを自己評価できるように関与させ、指導する。
　　○学習者が自身の目標に到達するために自ら目標を設定し、目標に向けた進捗状況を自己管理することができるようにする。
　　○学習者が自身の学習課題を修正したり、ゲームをデザインしたり、改善したりできるようにする。
　　○学習者が課題や授業の学習内容への達成、個人的な努力、成長に関して振り返ることができるように指導する。

　構成主義志向の体育教師は、以下の指導方略を活用して、学習プロセスに対して学習者が社会的な責任をどのようにとるかを意図的に働きかけ、指導し、足場がけを行います。

　　○パートナー、グループ、および / またはチームと協力しながら、社会的に適切で責任ある行動、および自分の感情を表現するための社会的に受け入れられる方法を身に付けられるように指導する。
　　○クラスのために社会的かつ協力的なルールの形成に学習者を関与させる。
　　○課題を達成するためのパートナーやグループメンバーの取り組みについて前向きなコメントをする方法を学習者に紹介したり、指導したりする。

○他者のパフォーマンスを観察する方法や学習の重要な要素に関するフィード
バックができるように指導する。

○学習者が様々な人が様々なアイデアを持っていることに気づきながら、積極的
に他者の話を聞く方法、他者とアイデアを共有する方法、他者の気持ちを気に
しながら他者と協働する方法を学べるように指導する。

○リーダーシップの役割を担うための平等な機会を学習者に提供し、パートナー
やグループのメンバーが協力して課題を達成するように導き、動機づける方法
を指導する。

○学習者は授業中に特定の社会的な責任や協力的な態度や前向きなリーダーシッ
プを示すことができたか自己評価する。

　これらの構成主義志向の指導方略は、学習者たちが社会的に学習に参加し、自
律・自立できるようにサポートし、有意義な学習環境と機会を提供します（Chen
& Rovegno, 2000; Chen, Rovegno, Cone & Cone, 2012）。さらに重要なことは、体育教
師は学習者が体育の授業中に社会的な責任を担うようになることや賢く積極的にな
るように構成主義的な指導方略を柔軟かつ段階的に活用する必要があります（Chen
& Rovegno, 2000; Chen, Rovegno, Cone & Cone, 2012）。

4.　構成主義者の体育指導におけるテクノロジーの活用

　構成主義に基づいた指導とテクノロジーを導入した指導の間には肯定的な関係が
あることの証拠が示されています（Gilakjani, Leong & Ismail, 2013; Juniu, 2006）。構
成主義の体育教師は学習者が学ぶために賢くテクノロジーを活用することを促すこ
とができます（例；インタラクティブ・ウエアラブル・テクノロジー、動作パフォー
マンスを分析するためのアプリ）。例えば、構成主義の体育教師は体育授業に
Interactive Health Technology（IHT）ゾーンテクノロジー® を導入して、学習者がよ
り学びのオーナーシップ（所有感）を味わえるように試みることができます。IHT
ゾーンテクノロジー® は個々の学習者の心拍数とそれに対応する強度レベルを測定
し、大きな画面や手首にした心拍数モニターに表示するように設計されています。
IHT ゾーンテクノロジー® は、学習者の心拍の活動状態を正確に評価し、体育授業
中の中程度から激しい身体活動（MVPA）の関与についてリアルタイムにフィード
バックを提供します。体育授業で IHT ゾーンテクノロジー® を使用する場合、体育
教師は最初に、体育の強度レベルに関連するリアルタイムの変化を自己モニタリン
グする方法を学習者に指導する必要があります（青は低強度、黄色は中程度、赤は

激しい強度）。次に、学習者は、最大心拍数、目標心拍数ゾーン、および強度レベルについて学んだことを今日の授業（即時目標）および指導ユニット（短期目標）の個別に関連した身体活動目標の設定に活用することを推奨します。学習者はツールを使用して、学習課題に取り組みながら、目標を達成するための努力と参加について意欲を持続するように促されます。授業の終わりに、学習者は今日の授業で運動強度に関連した身体活動目標をどれだけ達成したかを振り返ります。体育教師は、IHT ゾーンテクノロジー®によって提供されるデータを活用して、MVPA で費やされた平均時間と、MVPA での活動時間が 50% を満たしていない学習者の数（質の高い体育授業の主要な指標）を客観的に評価できます。このようにして、学習者の能動的な学習時間を最大化するための指導方略を改善することに役立てられます。

　さらに、構成主義の体育教師は意図的に IHT ゾーンテクノロジー® を使用して、学習者を社会的で能動的な学習プロセスに参加させることができます。体育教師たちは、学習者が共同的な授業の身体活動目標を設定しながら、パートナーと協力するためのバディシステムを形成します。学習者はお互いの心拍数と強度レベルを確認し、お互いを励まし合いながら共同目標を達成し、共同身体活動目標をどれだけうまく達成しているかを振り返ります。

　また別の例として、構成主義の体育教師たちは、Fitbit トラッカーズなどの手頃な価格のウェアラブルテクノロジーを体育授業に導入したり、体育授業以外にも活用したりすることができます。Fitbit トラッカーズは、使いやすく、信頼性が高く、有効な自己評価できるツールです（Buchele, Cortina, Templlin, Colabianchi & Chen, 2018; Buchele & Chen, 2018）。Fitbit アプリを介して Fitbit トラッカーズをスマートフォンまたはコンピューターとペアリングすることで、学習者はリアルタイムの歩数、移動距離、登った階段を確認できます。そして、現在の心拍数と心肺機能のレベルを確認し、Fitbit アカウントに記録および報告されたデータを毎日、毎週、毎月確認できます（Buchele, Cortina, Templlin, Colabianchi & Chen, 2018; Buchele & Chen, 2018）。

　まず、体育教師は、学習者に Fitbit トラッカーを使用してリアルタイムの歩数、距離、心拍数、および心肺フィットネスを自己評価する方法を教えます。次に、体育教師は構成主義的な指導方略を活用して、体育授業の内外で、個別および共同の身体活動目標の達成を自己評価させます。また、体育教師は Fitbit アプリのダッシュボードのコミュニティ機能を使用して、Fitbit サークルを作成するように学習者に促すことができます。このサークルでは、クラスの子どもと体育教師がアカウ

ントを使用して、クラス全体で身体活動データを毎日、毎週、毎月共有すること
ができます。構成主義の体育教師は、Fitbit サークルを使用して、「アメリカ横断旅
行」というタイトルをつけたクラスプロジェクトを作成し、学習者たちにリーダー
シップを発揮するように促すことも可能です。例えば、体育教師は、米国の地図を
体育館の壁に掲示し、クラスが特定のポイントを達成した時に地図上にステッカー
を貼り、互いに見ることができる相互評価システムをデザインすることができま
す。このような相互評価システムによって、各グループの学習者たちは毎週の達成
状況を共有することができます。こうして各グループには、1 週間ごとのタスクを
実行する責任を負う機会が生まれます。これには、平均歩数に関するクラスの 1 週
間の身体活動目標の設定、クラスでの 1 週間の平均歩数の報告、特定の数のステッ
カーを地図へ貼付することが含まれます。ステッカーが州のすべてを貼付できた
とき、学習者たちは体育の授業中にイベントを祝う身体活動を伴うゲームをして楽
しむことができます。Fitbit サークルベースのクラスプロジェクトに取り組むこと
で、学習者たちは有意義で本物の環境の中で積極的に学習に参加することが可能に
なります。

　また、別の例として、構成主義の体育教師は、インスタントビデオ分析アプリ
（例えばコーチズアイ）を導入して、体育授業中に様々な運動技能やスポーツを教
えることができます。例えば、体育教師は最初に、コーチズアイのビデオ分析アプ
リの各主要機能を使用して運動技能のパフォーマンスを自己評価する方法を学習者
に教えます。次に、学習者にコーチズアイの〈チャンネル〉タブを確認させ、リー
ダーボードとスタッフのお勧めにある人気の動画からインスピレーションを抱かせ
ます。そこから、学習者はお気に入りのスキルパフォーマンスビデオを保存するた
めのスポーツライブラリーを作成し、ビデオをブックマークしてダウンロードさせ
ます。そして、体育教師は学習者にコーチズアイを使ってお互いのパフォーマンス
をビデオ録画し、スローモーションでお互いのパフォーマンスを確認させ、フレー
ムごとに保存し、記録されたパフォーマンスを体育の授業中に即座に重要な要素と
比較することができます。体育教師は、分析ツールを使用して線、角度、または形
状を描画し、パフォーマンスの正しいテクニックとエラーを強調することにより、
学習者が自分のパフォーマンスを分析するための学習を深めることができます。体
育授業の内外でコーチズアイのビデオ分析アプリを活用することで、学習者は適切
なパフォーマンスに関する知識を得ることができます。そして、自分のパフォーマ
ンスを分析、評価するだけでなく、友だちのパフォーマンスに関するフィードバッ
クを提供することも可能になります。学習者たちはスキルを正しく実行する方法、

パフォーマンスまたはパートナーのスキルパフォーマンスを適切な形式と比較する方法についての理解を深め、自らの運動能力を向上させることが可能になります。要するに、構成主義志向の教育へのテクノロジーの導入は体育授業における学習者の社会的かつ積極的な知識の形成に最も力を与えることができるといえるのです。

【参考文献】

Buchele, H., & Chen, W. (2018) Impact of technology-enhanced classroom activity breaks on daily real time physical activity and aerobic fitness in school-aged children. Journal of Clinical Medicine, 7(7), 165. doi:10.3390/jcm7070165

Buchele, H., Cortina, K., Templin, T., Colabianchi, N., & Chen, W. (2018). Impact of coordinated-bilateral physical activities on attention and concentration in school-aged children. BioMed Research International. https://doi.org/10.1155/2018/2539748

Chen, W., & Rovegno, I. (2000). Examination of expert and novice teachers' constructivist-oriented teaching practices using a movement approach to elementary physical education. Research Quarterly for Exercise and Sport, 71, 357-372.

Chen, W., Rovegno, I., Cone, T. P., & Cone, S. L. (2012). An accomplished teacher's use of scaffolding during a second-grade unit on designing games. Research Quarterly for Exercise and Sport, 83, 221-234.

Gilakjani, A. P. Leong, L. M., & Ismail, H. N. (2013). Teachers' Use of Technology and Constructivism. International Journal of Modern Education and Computer Science, 5(4), 49-63. DOI: 10.5815/ijmecs.2013.04.07

Juniu, S. (2006). Use of Technology for Constructivist Learning in a Performance Assessment Class. Measurement in Physical Education and Exercise Science, 10(1), 67-78.

Piaget, J. (1926). The language and thought of the child. New York, NY: Harcourt Brace.

Vygotsky, L. (1978). Mind in society. Cambridge, MA: Harvard University Press.

新しい体育の教材論

成家篤史（帝京大学）

1. Society5.0 の教材論

　体育の教材論について議論を行うにあたり、体育の授業を通して子どもたちにどのような資質・能力を育みたいのかという点を踏まえて検討することで、より効果的に子どもたちの資質・能力を育める授業へと変化すると考えます。そのため、一旦 Society5.0 で育みたい資質・能力を振り返ります。

　第 1 章で整理された Society5.0 で育みたい資質・能力は「課題設定力、目的設定力」、「データ活用や IT にかかる能力・スキル」、「コミュニケーション能力・リーダーになる資質」、「分野を超えて専門知や技能を組み合わせる実践力」です。これらの力は子どもたちが自らもしくは他者の力を借りながら、必要感を伴って課題を設定したり、目的を設定したりする状況が想起されます。そして、体育の授業に意欲的に取り組んでいる中で、データを活用して「データ活用や IT にかかる能力・スキル」を養ったり、他者と協働して取り組んでいく中で「コミュニケーション能力・リーダーになる資質」を養ったり、問題解決場面で「分野を超えて専門知や技能を組み合わせる実践力」を養ったりすることができます。それでは、これらの資質・能力を養っていくにはどのような授業づくりが求められるのか、新しい体育の教材論として考えていきたいと思います。

2. 動きのおもしろさとフローの狭間で

2.1 課題設定力・目的設定力

　学習指導要領解説体育編（文部科学省，2017）に体育科の内容である「『知識及び技能』、『思考力、判断力、表現力等』、『学びに向かう力、人間性等』については、課題を見付け、その解決に向けた学習過程を通して相互に関連させて高めること」と記されています。ここで示されている「課題を見付け」という学習を通して、「課題設定力・目的設定力」を培うことができると考えられます。この自ら「課

題を見付け」る学習というのは従前から重要視されており、今、取り立てて強調され始めた力ではありません。それでは、どのような状況で "生きた"「課題設定力・目的設定力」が育まれるのでしょう。

　その手掛かりとして、成家（2009，2013，2020）はその運動ならでは動きのおもしろさを子どもたちが味わうことでさらに意欲的に体育の授業に取り組むことを報告しています。その意味で、まずは子どもたちがその運動ならではのおもしろさを存分に味わうことができる授業のデザインを行うことが求められます。

　例えば、5・6 年生が鉄棒運動を行うとします。ここでは鉄棒運動ならではの動きのおもしろさをイリンクスだとします。イリンクスとは「急速な回転や落下運動によって、自分の内部に器官の混乱と惑乱の状態を生じさせて遊ぶ」（カイヨワ，1990）と定義づけられており、人の知覚が破壊されるような眩暈を生じるおもしろさだと捉えられています。子どもたちは自分なりの参加の仕方により、イリンクスを味わおうとします。ある子はこうもり振り（両膝掛け振動）を手掛かりにそのおもしろさを味わおうとしたり、またある子はこうもり振りひねり下り（両膝掛け振動下りから発展して、空中で身体を 180 度ひねって着地する技）でイリンクスを味わおうとしたりします。この場合、子どもたちにとって、こうもり振りは遊びであり、自分自身がもっとイリンクスを味わいたいから、動き方を変化させていきます。この学習は、まさにフロー（Csikszentmihalyi, 1990）を味わうために技能と挑戦課題の均衡を保っていく自然の流れの中で、徐々に技能が高まり、それに呼応するように挑戦課題が高まっていくかのようです。

　子どもたちは下図にあるフローチャンネルに入るために、技能と挑戦課題の均衡を常に保とうとします。そうでなければ、活動に退屈を味わったり、不安を感じたりしてしまうからです。この際に、子どもが夢中で運動に取り組んでいる中で浮かび上がってくる挑戦課題を言語化・明示化したものが目的設定であり、これを自ら立てる力が目的設定力です。そして、この目的を達成するために、どのような点に気を付けて取り組んだらいいのかと検討することが課題設定力となります。先述したように課題設定力は子ども任せにし、放任していては養いにくい力です。とりわけ、発達段階に即して教

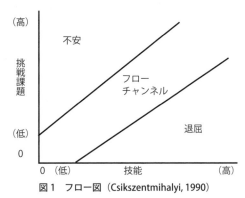

図 1　フロー図（Csikszentmihalyi, 1990）

師が支える必要があるかと考えています。

2.2　コミュニケーション能力・リーダーになる資質

　子どもたちは、取り組んでいる運動ならではの動きのおもしろさを手掛かりにしながら、自らの手で技能と挑戦課題の均衡をとろうとします。この営みこそが、最も子ども自身が夢中で運動に参加できるフローチャンネルに入る学習だと考えています。

　このフローに入ろうと取り組んでいる営みの中で、ごく自然な形で子どもは他者と関わりながら運動を楽しもうとします。それは話し合ったり、補助したりするなど直接的に関わっている場面もあれば、横目で他者が行っているところを見て参考にしたり、気持ちを昂らせたりするなどの間接的に関わっている場面も授業にはあります。そのことを念頭に置きながら、教師は子どもたちの関わりを通して、意図的にコミュニケーション能力とリーダーになる資質を養おうとする教材づくりが求められます。

　第1章で述べたように、「コミュニケーション能力」とは、自身の意見を主張し、反論するディベート力として示されています（経済産業省，2017）。一方、「リーダーになる資質」とは、自分や自分たちにとっての明確なゴールイメージやビジョン、妥協しない強い意志、周囲を動かす力というものが示されています（経済産業省，2017）。

　例えば、先ほどの5・6年生鉄棒運動のこうもり振りの事例で考えてみます。同じこうもり振りをやりたい子ども同士で二人組や三人組ができたとします。このコミュニティーの中でより自在にこうもり振りができるようになるために、自身の意見を表明したり、友だちの意見に対して批判的に考え反論したりする場面があるかと思います。それに加えて、友だちと息を合わせてこうもり振りを行うとすると、リーダーシップを発揮しないといけない場面が起きたり、すぐにできなかったりした時に「リーダーになる資質」である妥協しない強い意志が試されたりもします。また、「リーダーになる資質」を培う一方で、フォローワーシップも求められます。コミュニティーのメンバー全員が妥協をしない強い意志によって意見や考えについて折り合いをつけようとしなかった場合、チームとしての機能は破綻してしまいます。すなわち、リーダーシップを培うと同時にフォローワーシップについても学ばせていかないと他者と協働して物事に取り組むための力を培ったということにはならないと考えています。もしかしたら、フォローワーシップは目立ちにくい力であるからこそ、意図的に培いにくい力かも知れません。私たちは他者を支えて

いる一方で、他者から支えられている存在です。その点に気づかせ、フォロワーシップについて理解させると子どもたちの協働の仕方が変わってくると考えられます。

2.3　分野を超えて専門知や技能を組み合わせる実践力

「分野を超えて専門知や技能を組み合わせる実践力」について、第 1 章で「野生の思考」を示して述べました（詳しくは第 1 章「Society 5.0 時代の体育で育む資質・能力」参照）。「野生の思考」とは、異なる学習経験について直感を基にしながらも大胆につなげ、解決していく思考様式です（奈須, 2017）。

体育の学習はこれまでの学習の連続性の中で展開されています。例えば、5・6 年生でタグラグビーを学習するとします。空いている空間を見つける判断力は 1・2 年生時の鬼遊びから養っていますし、相手にパスをしたり、パスを受けたりするスキルはポートボールなどの他のボール運動でのスキルが転移されます。さらに 1 対 1 の場面で相手を抜いたり、相手をつかまえたりする時はしっぽとり遊びなどでの経験が生きてきます。

ここではタグラグビーを例に説明をしましたが、体育の授業はこれまでの学習の連続性の中で成り立っており、仮にタグラグビーのように子どもにとって初めて取り組むスポーツであっても既存の経験や学習が生かされます。その点を意識して、子どもたちに働きかける必要があると考えます。すなわち、教師は「4 年生の時に行ったポートボールでは守りの時にどうやったらうまく守れた？」などと既存の経験を想起させ、これまでの学習とつなげるサポートを行う必要があります。そのために、授業の中で子どもたちが試行錯誤する状況があったり、友だちと関わりながら課題解決していったりする状況が生まれるための教材を準備しておくことが求められます。

3.　データ活用や IT にかかる能力・スキル

第 1 章で「データ活用や IT にかかる能力・スキル」について、自分が取り組んでいることについて、自ら課題を設定し、必要なデータを収集する能力や問題を改善するための提案など、自身に求められる課題設定や仮説を立てて、データを出し、その分析結果が自身の立てた仮説に合っているか検証する能力であると述べました。本項では、これらの力をどのように体育で培うのかについてさらに考えていきたいと思います。

例えば、5・6 年生のマット運動の授業を行なうとします。子どもたちが開脚前

転を実施しますが、その際に自分の動きを客観的に分析することはできません。iPad などで自身の動きを友だちに撮影してもらい、その動画をもとに分析し、どのようにすると目指す動きができるのかを学習することができます。この学習は自身の課題設定に対し、動画というデータをもとにして分析し、仮説を立てて取り組むことで仮説が合っているかを検証する能力が養えると考えます。

　加えて、自分のマット運動での学習をその都度、動画で撮り貯めポートフォリオを作成するとします。そうすると、単元を通して自分の成長を時系列で客観的に振り返ることができ、これまでのような手ごたえや記憶に頼った自己評価だけではなく、より真正に自己評価することが可能になります。さらに、友だちのポートフォリオについて、他者評価することでデータを分析し、自身の考えを述べる力を養うことも可能になります。

　仮に、倒立前転ができなかった場合でも、iPad とネット環境があれば、インターネットでその場で情報を収集しながら、どのように取り組めばできるようになるのかを練習に活かしていくことが可能になります。この力は必要なデータを収集し活用する力として考えることができます。GIGA スクール構想では体育で容易に iPadなどの情報機器を使える環境が整ってきます。単にそれらの機器を使用するのではなく、どのような能力やスキルを身につけさせたいのか教師が目的を明確に持って取り組むとより効果的な授業になると考えます。

4.　協働学習を促す

　2010 年チリの鉱山落盤事故は世界の人々に衝撃を与えました。地下 600m 下に閉じ込められた 33 名の作業者の命を救うため、チリ国内に限らず、世界各国から専門家が招集されました。それは掘削作業者、チリ国軍、地質学者、NASA の宇宙開発エンジニア、精神衛生の専門家など様々な専門知識をもった専門家でした。それぞれの専門領域が異なりますし、背景となる文化も異なります。多様な価値観や専門知識を持つ人々を結束させ、人命救助に立ち向かい続けることは大変な努力と工夫が要されたと考えられます。

　事故現場では、通気孔から救助しようとしたら通気孔が壊れてしまったり、地盤がゆるかったりなど次から次へと難局が訪れましたが、迅速にかつ、失敗を重ねながらも全員生存した状態で救出するという成功へと導けたのは人々の結束だったと言われています（エドモンドソン，2014）。人々が人命救助という共通の目標を持ち、当時の最新のデータや IT を活用し、専門分野での垣根を超えて異なる専門知や技能を組み合わせ、リーダーシップだけではなく、多くのフォローワーシップが

発揮されて不可能と思われた鉱山の作業者たちを救出できたのです。ここでは、究極のコミュニケーション能力が発揮されたものと考えられます。

　チリの鉱山事故の話ほど危機迫る出来事でなくとも、多様な子どもたちが、それぞれの個性を生かしながら協働して体育授業に参加できます。GIGA スクールにおける「データ活用や IT にかかる能力・スキル」を発揮し、運動のおもしろさを土台として、Society 5.0 で養いたい資質・能力へアプローチすることを試み続けることが求められます。教師が謙虚に自分の授業を省察し、カイゼン（さらによりよくなるという意味を込めカタカナ表記）を試み続けるかぎりにおいて具現化されると考えています。

【参考・引用文献】

Csikszentmihalyi,M. (1990) flow: The Psychoology of Optimal Experience. Harper Collins e-books: 71-93.

エイミー・C・エドモンソン著、野津智子訳（2014）「チームが機能するとはどういうことか」英治出版. pp.243-283.

カイヨワ著，多田道太郎・塚崎幹夫訳（1990）「遊びと人間」. 講談社学術文庫. pp42-66.

経済産業省（2017）第 4 次産業革命について「産業構造部会　新産業構造部会」における検討内容.

文部科学省（2017）小学校学習指導要領解説体育編. 東洋館出版社. pp.8-10.

奈須正裕（2017）「『資質・能力』と学びのメカニズム―新学習指導要領を読み解く」. 東洋館出版社. pp.134-136.

成家篤史・鈴木直樹・寺坂民明（2009）「感覚的アプローチ」に基づく跳び箱運動における学習の発展様相に関する研究. 埼玉大学研究紀要 58（2）：55-67.

成家篤史・鈴木直樹・寺坂民明（2013）「感覚的アプローチ」に基づく跳び箱運動における学習の発展様相に関する研究. 体育科教育学研究 29（2）：11-23.

成家篤史・塚本達也（2020）N －感覚的アプローチとスポーツ教育モデルのハイブリッドモデルの実践提案―タグラグビーの授業を通して―. 体育学研究 65：早期公開論文.

新しい体育の学習評価

鈴木直樹 （東京学芸大学）

1. GIGA スクールで求められる学習評価

　GIGA スクールでは、「1 人 1 台端末で、高速大容量の通信ネットワークを一体的に整備することで、特別な支援を必要とする子供を含め、多様な子供たちを誰一人取り残すことなく、公正に個別最適化され、資質・能力が一層に確実に育成できる教育 ICT 環境を実現する」（文部科学省，2019）ことを目指しています。一人一人が情報端末を手にして学び合う学習環境下で、教師は授業中でも一人一人の反応を把握できるようになり、子どもたち一人一人の反応を踏まえた、双方向型の一斉授業が可能になります。また、子どもたちも同時に別々の内容を学習し、個々人の学習履歴を記録することが可能になるので、個別のニーズに対応した学習を進めることが可能になります。さらに、2023 年度には、マイナンバーカードに成績情報を紐付けることも検討されています。それが実現すれば、成績情報を履歴として残すことができ、学びを連続させていくことが可能になります。これまでの学校教育が学期毎、学年毎、学校種毎にリセットするような教育だったとすれば、それをシームレスにつなぐ学習評価へとなっていく可能性を秘めています。そのような時代の体育の学習評価について本節で論じていきたいと思います。

2. 学習評価の役割

　学習評価とは、学習によって生じた変化をある基準にそって判定し、どのように学習と指導を進めたらよいかを考える一連の過程です（宇土，1981）。また、このような学習評価には、収集したデータについて価値判断する為の情報を整理していく過程としてのアセスメント、集団や目標を基準にして学習を査定するエバリュエーション、学習者が学んだことをテストとその採点によって正確に測定するというメジャメント、評価した結果を数字や記号などに変換するグレーディングなどがあります。学習を通して、質的かつ量的な情報を収集し、評価し、学習や指導が深

まっていく中で、ある一旦のまとまりをもってエバリュエーションが行われ、その
データも含めてさらにアセスメントをして、学習を深めていきます。そして、この
繰り返しをある一定時期のまとまりをもって、記号や数字に変換してグレーディン
グと呼ばれる評定をつけます。

　このような違いこそあるものの、学習評価とは「学習者の能力や行動の現状や変
化などの教育事象をとらえ、その学習者に対して何らかの目標（教育目標、指導目
標、学習目標など）を基準に価値判断をすることによって有効な示唆を与えるため
の情報を得るもの」（高田，2002，p.119）と考えられています。すなわち、学習評
価とは、「価値判断としての評価」とそれを学習や指導に生かす「問題解決として
の評価」の両側面を持っており、その機能は、①学習者の自己理解・自己評価、②
指導の確認と改善、③評定等への活用の 3 つに整理することができます（宇土，
1981）。

　Puckett ら（1994）は、編みこまれた紐のように、学習、指導と評価のプロセス
を一体のものとして考えることができると述べています（図 1 参照）。同様に、
Chappais & Stiggins（2002）は、評価は価値づけをするよりもむしろ学習を促す指
導上のツールとなると述べています。

また、Hopple（2005）は、学習のため
の評価は、指導や学習の後ではなく、
それが行われている渦中で生起する
と述べ、そのように、学習と指導と
評価が表裏一体となったプロセスを
"seamless" と表現しています。このよ
うに良質な評価は、指導や学習と不分
離な授業での教師や学習者の行為を支
えるといえます。

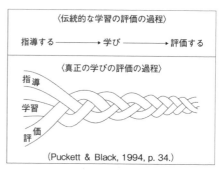

図1　伝統的な評価と真正の評価のプロセス

　教育における評価の意義や機能は、GIGA スクールにおいても普遍であると考え
ます。しかし、異なるのは、一人一人が一台の端末を手にすることによって評価
情報として収集されるデータと、そのデータを使って評価する方法であると考えま
す。

3.　学習評価情報の大革命

　みなさんが、駅から目的地に行く時にとる行動を思い浮かべて下さい。10 年前
と今ではどんなことが異なりますか？　10 年前であれば、駅で地図を見つけて目

的地までの行き方を確認したり、事前に地図を印刷して経路を確認したりしたのではないでしょうか？　目標を見つけて今、自分がどこにいるかを評価し、どのように行くことが良いかを意思決定して目的地に向かって移動したように思います。それでは、今はどうでしょうか？　目的地をスマホに入れれば、そこまでの経路を表示してくれます。そこには、距離やおおよその時間も示されます。そして、おすすめの経路なども表示されたりします。このような情報を評価して、どのような手段で、どの経路で目的地に向かうかを決定しているのではないでしょうか？　これも評価と同様です。私たちは、目的を達成するための自らの行動を、情報収集し、評価することによって決定していきます。学習でも同様です。情報収集としての評価を行い、それを手がかりとして教師は指導し、子どもは学習をすすめていきます。スマホを手にするようになってからとそれまででは、情報の活用方法が全くといってよいほど異なっているといっても良いのではないでしょうか？　今やスマホがないと困るという人も少なくないないと思います。それは、自分たちが行動する上での評価情報の収集ができないからともいえます。

　それでは、GIGAスクール時代の体育における情報収集は何が変わっていくのでしょうか？　ネットワークに接続される1人1台の端末が利用できることで、学びをリアルに残していくことが可能になります。また、映像を撮影したり、音声を入力したりすることが可能になり、文字情報として紙の上に記録していくよりも、実際のパフォーマンスを適切に記録していくことが可能になります。とりわけ、学習成果が行動として表現されるような体育では、映像で学習成果を記録できることは大変有用であると言えます。また、それらをオンライン上で共有することができ、多様な相互評価を生み出すことができます。同じ場所で直接見合ったり、紙の上に書かれたものを交換し合うことだけでなく、例え同じ場所にいなくても映像を見合ったりすることもできるので、学級内に限定されない学びの共同体を作り出すことも可能になります。さらに、他のテクノロジーを組み合わせることで、これまで見えなかった学習成果を可視化することも可能になります。

　例えば、私は最近、Apple Watchを購入しました。この時計では、走ったり、歩いたりといった活動の種類、移動した場所の軌跡、移動した際の歩数、心拍数などを教えてくれます。私は歩いている時に、自分の心拍数の状況を把握しながら、歩くペースを調整したりします。そして、1日8000歩は歩くように心がけていますが、歩数が少ない日は、エレベーターを使うところを歩いて登ったり、車で移動する代わりに歩いて移動したりしています。これは、時計が表示してくれる私の活動情報を評価した結果の行動です。心拍数や活動の軌跡はこれまで視覚化することが

難しかったですが、近年では、簡単に可視化できる情報として提示が可能になっています。また、AR を活用すれば、走り幅跳びの記録などは、メジャーを使わずに瞬時に測定が可能です。そして、そのまま記録を残していくこともできます。このようにアナログ情報として可視化していたこともデジタル情報として可視化することで、素早く、かつ継続的に記録し保存できる情報として収集することができます。

　加えて、音声情報も可視化できる情報とすることができます。例えば、現代の文字起こし技術は大変進化しており、ほぼリアルタイムで適切な文字情報に起こすことができます。自分たちの話し合い活動を振り返る情報としていくことも可能です。さらに、誰がどれくらいの時間話していたかも視覚化できるようになってきています。このような情報によってグループの話し合い活動を評価することができます。加えて、話し合い情報がデータとして記録されることで、それを分析して何に焦点化し、話し合いがどのように展開したかも確認することが可能です。

　体育では、学習成果が身体活動という目に見える形で表現されている一方で、それは記録することが難しかったのですが、上述したように色々なカタチでデジタル情報として残すことが可能になりました。GIGA スクールで 1 人 1 台の端末が子どもの手にわたり、他のテクノロジーも広がることで、学習評価情報の大革命が起きることは間違いありません。

4.　学習評価情報の使い方のパラダイム転換

　学習評価は、教師が子どもを評価するという考え方に支配されてきたといっても良いと思います。「評価を気にしている」という言葉は、教師が与える子どもへの評価への関心といっても良いでしょう。しかし、GIGA スクール時代は、評価情報がデジタルデータとして明確に表示されるようになってきます。そういう意味では、これまで教師が提供してきた主観的な価値判断としての評価が、情報端末を通じて客観的に収集されるといっても良いと思います。ここでの教師の役割は、教育の専門家としてその提供された情報を評価し、自分の指導を見直すと同時に、子どもに働きかけ、その評価を価値づけていくことといっても良いでしょう。したがって、評価情報と子どもをつなぎ、子どもがよりよく評価情報とつながることを支援する仲介者となっていくことになります。すなわち、評価を「与える」という役割ではなく、評価を「つなぐ」という役割が求められることになります。評価と関わる教師の仕事が変容していくといっても良いのかもしれません。

　もちろん評価は、「学習者の自己評価・自己理解にいかす」ことが最も重要な意

義ですので、この変化は歓迎すべき内容です。テクノロジーを活用することで、これまで求めてきた評価の機能を強化することができるという意味では、真正の評価を実現する不可欠なツールともいえます。

　学習評価は、共通の「ものさし」を使って、子どもたちをそこに序列化してしまうことにつながっていたと思います。しかし、個別最適化された教育においては、学習者一人一人が、異なる「ものさし」を使って、自らの学びを評価し、そこに他者の異なる「ものさし」を当てた評価を含めることによって、自分では気づけなかった視点に気づき、新たな学びを導いていくことができるのだと思います。

　そして、これまで学校で完結してしまいがちであった学びを家庭とつなぐことも可能になります。学びの成果を視覚化し、共有することで、保護者とそれを共有することも可能であり、地域の専門家などとの連携も可能になります。

　学習成果は大切な個人情報です。それを公衆に晒すことはできませんが、一方で、その情報を手がかりに他者評価を得ることは、医療のセカンドオピニオンにも似ています。正解探しというよりは、異なる多様な見方に出会うことで、自己評価・自己理解を深めていくことができます。

5. 新たな学習評価方法

　このように情報端末の活用によって生まれる学習評価情報の変化や情報共有の変化は、評価方法そのものに変化を生み出していくと思います。例えば、評価といってすぐに思い浮かぶのは「通知表」ではないかと思います。この「通知表」に示される評定に一喜一憂する学期末を過ごしたことを思い出します。親になっても子どもの「通知表」を手にしてきましたが、学校間で形式の違いはあっても、総じて、学習した成果を具体的にイメージすることは難しいものであったと思いました。しかし、ネットワークに接続した情報端末を1人1台持つことで、学習成果を即時的に学校と家庭で共有することが可能になり、アセスメントによって蓄積した評価情報をいつでも参照することが可能になります。単元末や学期末、学年末は、一定期間の中でどのような変化があったかをデータ処理して確認することで、真正の絶対評価を行うことができると思います。

　また、体育の目標として豊かなスポーツライフを実現するための資質・能力の具体として「運動に親しむとともに健康の保持増進と体力の向上を目指し、楽しく明るい生活を営む態度を養う」ことが述べられています。この目標は、生活の中で発揮されるものといえ、体育での学習成果がこの力の育成につながっているかどうかは、家庭生活の中での運動との関わりにおいてであると考えられます。そこで、情

報端末を家庭での生活とも連動させることで、学校での学習と家庭での生活を結びつけて、より豊かな生活を導くことができるのではないかと思います。さらに、これまでの授業では、教科ごとにノートを作成し、学習したことを記録していったと思います。しかし、学習内容の考え方をコンテンツからコンピテンシーへと転換させている現代においては、学習成果の記録そのものが教科としての緩やかな枠組みを持ちつつ、教科間が有機的に関連づいて残されていくということも大切だといえます。このように評価そのものが教科の枠組みを超えていくということが期待されます。

6.　学習評価のコペルニクス的転回

　以上述べてきたように、伝統的に行われてきた評価の考え方から、コペルニクス的転回を果たし、新しい評価のあり方を GIGA スクール構想は提供してくるのではないかと思います。そんな時代にあって、私たちは今までのツールを大切に持ち続けるのではなく、断捨離して、新たな教育システムを構築していくことが必要だと思います。GIGA スクール構想は、便利な教育システムをもたらすというより、次世代の教育の仕組みを根本から変えていくような契機になるのではないかと思います。そのような時代の中で、新たな教育を支える学習評価を創造することを楽しんでいくことができると良いと思います。

【参考文献】

Chappais, S. & Stiggins, R. (2002) Classroom assessment for learning. Educational Leadership. 60(1). P.40.

Hopple,C. (2005) Elementary Physical Education Teaching & Assessment (Second Edition). Human Kinetics. p.7.

文部科学省（2019）GIGA スクール構想の実現パッケージ.

Puckett, M. B. & Black, J. K. (1994) Authentic assessment of the young child: Celebrating development and learning. New York. Macmillan. P.34.

高田俊也（2002）体育科の評価.　高橋健夫・岡出美則・友添秀則・岩田靖編：体育科教育学入門.　大修館書店.　pp.118-119.

宇土正彦（1981）体育学習評価ハンドブック.　大修館書店.

新しい体育的行事の考え方

大熊誠二（帝京大学）

1. 体育的行事は学校教育において、どのような役割を担っているか

　私は前職において20年程、中学校の教員を務めてきましたが、その中で本節の
テーマである体育的行事の委員長を複数回務めました。子どもたちの委員会活動に
おける企画、各学級等におけるメンバー選定や応援等への取り組み、そして迎える
運動会や体育祭当日を含め、体育的行事に向かう子どもたちのエネルギーは本当
に大きいものでした。そして、笑いあり涙ありの紆余曲折を味わいながら、子ども
たちが多くのことを学び、行事を通して大きく成長している様子は今も脳裏に焼き
付いています。この節を読んでいる教育関係者の方々は、抽象的な表現とはいえ、
「体育的行事を通して子どもたちが多くの事を学んでいる」ということについて、
共感していただけるのではないでしょうか。

　それでは、そもそも体育的行事が含まれる学校行事は、学校教育においてどのよ
うな位置付けなのかを整理していきます。学習指導要領では、小中高の各校種にお
いて、ほぼ同じ内容で「学校行事」について提示されています。まずは「特別活
動」における「学校行事」について確認します。

表1　中学校特別活動における学校行事の内容（文部科学省，2017）

学校行事の内容	具体的な学校における行事
(1) 儀式的行事	入学式、卒業式、離・着任式等
(2) 文化的行事	文化祭、合唱コンクール、百人一首大会等
(3) 健康安全・体育的行事	避難訓練、運動会、体育祭、球技大会等
(4) 旅行・集団宿泊的行事	自然教室、修学旅行、サマースクール等
(5) 勤労生産・奉仕的行事	ボランティア、落ち葉拾い、地域清掃活動等

　ここでは、中学校学習指導要領解説を提示しましたが、小学校と高等学校の特別
活動「学校行事」についても、ほぼ同じ内容が示されています（小学校は（4）が

遠足・集団的〜となる）。このことを解釈すると、学齢は違っても、内容として学ぶことには共通性があり、学んだ内容が一人一人の子どもたちの成長と共に深まっていくことが期待されています。このように体育的行事は特別活動における重要な学校行事の 1 つとして子どもたちの学びに寄り添っており、どの学齢においても有益に展開されることが求められていると考えられます。

　さらに健康安全・体育的行事の解説を詳しく見ていくと、「心身の健全な発達や健康の保持増進，事件や事故，災害等から身を守る安全な行動や規律ある集団行動の体得，運動に親しむ態度の育成，責任感や連帯感の涵養，体力の向上などに資するようにすること」と示されています。そのため、子どもたちが上記のことを学ぶために具体的活動が展開される必要がありますが、その具体的な活動として運動会や体育祭、球技大会やマラソン大会等が設定されることになります。

　ところで、運動会のはじまりは、1874（明治 7）年にイギリス人ダグラスによる競闘遊戯が起源とされ、1885 年に森有礼が文部大臣に就任し、陸上競技種目などの個人競技に加え、障害物競走などの遊戯競争的種目や隊列運動などの軍事教練的種目といった集団競技が増加されてきました（日本体育協会，2016）。そして現在の運動会では、その流れを組み換え発展させて今の形として形成されてきたと考えられるでしょう。一方で松田（2016）は、運動会が教科体育とは異なった活動であることを述べつつ、「これからの運動会を探ることは、むしろ、これまでの運動会で大事にしてきたものを異なった視点から再評価し、感覚としてしか持ち合わされてこなかった意義や作法を、意識的に促進化させる点にこそ、そのポイントがあるように思えて仕方が無い。運動会を体育として考えないこと」と述べています。運動を学習活動として扱う教科体育ですが、運動会と教科体育が異なっているという点については、今後も意識的に整理し続ける必要があります。加えて、中学校学習指導要領解説保健体育編では、教科担任制である中学校において、体育・健康についての指導は保健体育科教員に任されるおそれがあることに触れつつ、学習の効果を上げるためには全教職員の理解と協力が得られるよう組織的に進めることが示されています（文部科学省，2017）。これらのことから、体育的行事については、運動を扱うことは求められますが、それと同時に特別活動としての位置づけを担保しつつ、子どもたちの学びにとってどのような役割を果たしているのかを明確にしたうえで、展開されていく必要があると考えられます。

　そして、上記のことを理解したうえで、1 人 1 台の ICT 端末を備えた GIGA スクール構想における新しい体育的行事の考え方について本節でさらに議論していきたいと思います。

2.　主役である子どもたちが体育的行事から学び得ていることとは

　ここまで、体育的行事は特別活動に含まれ、その目標に向かって取り組まれるべきものであることを整理してきました。それでは、学習の主役である子どもたちは、体育的行事をどのように捉えているのでしょうか。

　先日、学生と教育実習に向けての話をしている中で、学校での様子や思い出について話をする機会があり、その中で思い出に残っている学校行事について聞いてみました。その結果、多くの学生が（4）旅行集団的行事である修学旅行と、（3）健康安全・体育的行事である体育祭や運動会を思い出深く捉えていることが分かりました。さらに、体育的行事について聞いてみると「友だちと一緒になって応援に取り組んで燃えた」や、「リレーの選手になって、アンカーを務めたのが誇り」などの肯定的なコメントが多くありました。しかしその一方で、「体育祭は嫌い。だって嫌々、長距離走を走ることになってしまった」などの否定的なコメントもありました。学びに漸進性があることを鑑みると、課題に挑戦することは教育活動において意義あることだということは理解できます。しかしながら、自分のベストパフォーマンスを尽くしてもクリアできない場面と対峙する時、子どもたちにとって、このような否定的な学びに繋がってしまった可能性があることも忘れてはいけない視点であると考えます。

　主役である子どもたちの学びに真剣に寄り添う時、子どもたちにとって有益な学びにならないような体育的行事は淘汰されるべきであり、有益な学びの創造のために、新しい体育的行事が生み出されていくことは必要なプロセスなのではないでしょうか。子どもたちに色々なことを学び得てもらいたいと考えるのは教員の本分であると考えますが、あえて批判的な捉え方をすると、教員からの視点が誇張されすぎた集合や整列の正確さや、昨今社会問題ともなっている組体操などの行き過ぎた集団演技の演出は、子どもたちの学びにとって有益に機能していない可能性にも向き合うべきだと考えます。しかしながら、ここまでの体育的行事が果たしてきた役割は大きな成果があり、全てを否定するべきではありません。運動を介した体育的行事がもたらす多様な価値は、今後も担保されていくべきだと考えます。これから展開されていく GIGA スクール構想によって、学校は今後大きく形を変えていくことが予想されます。学校教育における学校行事としての役割を担い、主役である子どもたちの視点を大切にしながら、体育的行事を再評価し、子どもたちが体育的行事を通して、何を学び得るのかという点について、整理していくことが必要になると考えます。

3. 体育的行事は誰のものか？

　ここまで述べてきたように学校教育における体育的行事は、子どもたちの学びのために計画・実施されるものです。しかし、体育的行事は教職員や子どもたちだけで展開されるものではありません。運動会を取り巻く環境を整理してみると、運動会の朝は、学校の校門にシートを持った保護者が並ぶといった姿がありました。また、最近の運動会（体育祭）では、強い日差しをよけるため保護者席に色とりどりのテントが立ち並ぶ光景も見かけるようになりました。そして、徒競走やリレー、学年種目等、各プログラムの場面では、多くの保護者がカメラやスマートフォンを手に、できるだけよい撮影スポットでベストショットを求める姿が見られます。これらのことから、保護者にとっても、運動会という体育的行事に対する期待が感じられます。それでは保護者は、体育的行事の何に期待しているのでしょうか。このことについて少し視点を変えて考えてみたいと思います。

　そもそも学校は閉鎖的な空間であると言われます。最近では、学校評価も進み、授業参観や学校開放も積極的に実施されるようになってきましたが、安全面への配慮からも物理的にも閉鎖された空間であるということは否定できないでしょう。しかし、学校行事の際には開放されることが多く、学校における子どもたちの様子を近くで感じることのできる機会になります。このことは体育的行事の場面だけではありませんが、運動会の様子は撮影する保護者が多いことに比べ、毎日目にする家庭での様子を撮影する保護者は多くないことを考えると、「普段知ることのできない子どもたちの様子を知りたい」という気持ちの表れなのではないでしょうか。大切な自分の子どもや近所に住む子ども、自分の子どものクラスメイトや友だちなど、保護者にとって自分の知っている子どもたちが、どんな姿で運動会に参加しているかを確認するために撮影などの行為を通じて体育的行事にも参加しているのではないでしょうか。換言すれば、ステークホルダーである保護者も学校行事である体育的行事を通して、子どもたちの学びを支えている大切な主役の一人として捉えることができると思います。

　運動会を終えて帰宅した子どもたちは、自宅で運動会当日での様子を語ったり、成功したことや今までの苦労話などのプロセスを語ったりして、自分の振り返りをしていることが多いように思います。そして、保護者が撮影した映像を家族や友人で視聴しながら、共にその振り返りを通じて、成長を実感していくのでしょう。このように、体育的行事は子どもたちの成長の場面であると同時に、ステークホルダーである保護者や子どもの学びを支えている地域の人々にとっても重要な出来事

であるということが確認できるのではないでしょうか。ここからも、体育的行事は、主役の子どもたちだけでなく、子どもたちを取り巻く環境に対しても、大きな役割を担っていると考えられます。

4.　GIGAスクール構想における新しい体育的行事の在り方

　体育的行事は、教科体育で扱う内容ではないということは整理しましたが、GIGAスクール構想においてどのように新しい形を作っていくことができるのかを検討していきたいと思います。

　ここまで述べてきたように教育的な意義が高いと考えられる体育的行事ですが、その反面、全ての子どもたちにとって有益な学習となっている訳ではありません。そこで1人1台のICT機器を用いることで期待できる可能性について二つの側面から考えていきたいと思います。

　まずは、「競争することの価値」についての再考です。先にも述べたように学びの漸進性を否定はしませんが、負けて悔しいから次は頑張るとか、痛かったりつらかったりしたから価値や学びがある訳ではないと考えます。運動会や体育祭などの体育的行事のプログラムは、徒競走から学年種目、玉入れやリレー等、多くのプログラムで「競い合い」が行われることが一般的です。現状でも勝ち負けだけに価値を見出している訳では無いですが、勝つ者と負ける者の学ぶ内容に差が出てしまうことは否定できません。そこで、GIGAスクール構想では、徒競走の個人記録を、個人のタブレット等から集計し、学年全員で協働的に目指すべき記録を達成するような形も構築できると考えます。また、学年種目においても他の学級と競争する内容のみにするのではなく、一つの目標や達成課題に向けて、一人一人に役割が設定され、協働して取り組むことに価値を見出すことができるのではないでしょうか。そして、全学年共にそれぞれの学年の課題達成を目指し、学校が一つになっていくような学年種目の設定は全ての子どもたちに「協働すること」の大切さを学ばせ、人を思いやる心を育むことにも繋がると考えます。また、VR運動会を実施し、子どもたちの創意工夫から生まれたアバターを用いた協働的なプログラムなども展開できると考えます。競い合いの中にある足が速いとか遅いだけで子どもたちが価値判断されるのではなく、情報や技術科の授業で学んだことを、体育的行事の中で発揮していくことができれば、大きい意味でのカリキュラムマネジメントにも繋がっていくと考えます。

　次に「環境面の整備」です。会場には敬老席が設置されると思います。これは、お孫さんの様子を見たいと願う高齢者や、校区の高齢者の方を想定するものです

が、敬老席を設置することは会場の容量問題や熱中症などの危惧も抱えることになります。そこで、体育的行事の会場内に 360 度カメラやドローンカメラを設置し、臨場感のある映像を届けることで、子どもたちの様子を視聴することが可能になると考えます。また、より没入感の高い HMD（ヘッドマウントディスプレイ）を装着することで、より身近に子どもの様子に触れることが可能になります。全ての保護者に、全ての子どもたちの個別最適化された活動の様子を提供することができるようになると考えます。そうすることが可能になれば、今後の敬老席は、少数での設定でもいいかもしれませんし、会場自体も大きく形を変える可能性が考えられます。環境面の整備では、今後も技術革新が進むことが期待されますので、様々なパイロットプログラム的な取り組みが、新たな価値を創造していくと考えます。

5.　新しい体育的行事で育むことが期待できるコト

　本節では、新しい体育的行事について検討してきましたが、子どもたちにとって大きな学びの機会となる「体育的行事」は、これから迎える GIGA スクール構想においても、積極的に実施されるべきものだと考えます。今後、G: Global, I: Innovation とあるように、体育的行事は、新しい価値を創造していくことが求められます。子どもたち一人一人に最適な活動を検討したり、海外の子どもたちとの協働的な体育的行事を企画したりすることが可能となるのです。読者の皆様にも運動会や体育祭での思い出は、記憶に残っているのではないでしょうか。良い思い出もあれば、ほろ苦い思い出もあると思います。中には、体育的行事の中心的な役割を担う委員長や応援団長を務めた方もいらっしゃるのではないでしょうか。しかしその反面、残念ながら嫌な記憶として残ってしまっている方もいらっしゃると思いますが、GIGA スクール構想における新しい体育的行事では、子どもたち一人一人が主役になれる可能性を秘めていると考えます。

【参考・引用文献】
松田恵示（2016）「遊び」から考える体育の学習指導. 創文企画. pp.94-98.
文部科学省（2017）中学校学習指導要領解説特別活動編. 東山書房. pp.94-95.
文部科学省（2017）中学校学習指導要領解説保健体育編. 東山書房. pp.245-246.
文部科学省（2020）各教科等の指導における ICT の効果的な活用に関する参考資料 特別活動の指導における ICT の活用について. https://www.mext.go.jp/a_menu/shotou/zyouhou/mext_00915.html,（参照日：2020 年 11 月 2 日）
日本体育学会（2006）最新スポーツ科学辞典. 平凡社.

新しい体育科経営論

中島 寿宏（北海道教育大学札幌校）

1. GIGA スクール構想におけるこれからの体育

　学校現場で ICT 機器が活用されるようになってすでに長い時間が経過しています。これまでの体育授業での ICT の活用の仕方としては、主に自分自身や仲間の運動を映像として観察することで、運動・動作についての課題を発見したり、課題解決のための方法を考えたりするということが一般的でした。文部科学省（2014）は、保健体育科における ICT 活用例と活用の効果について図 1 のようにまとめています。特に、運動技能の習得過程において、自分で動きを映像で確認することによって体の動かし方が理解できると説明しています。小学校学習指導要領（2017）では、3・4 年生における陸上運動の「(2) 思考力、判断力、表現力等」における ICT 機器を活用した自己の課題を見付ける例として「自己の走・跳の運動の様子をタブレットやデジタルカメラなどの ICT 機器を活用して確認し、動きのポイントと照らし合わせて自己の課題を見付けること」と説明されています。同様に、5・6 年生の体つくり運動、器械運動、陸上運動、水泳運動でも、自身の動き方を確認して課題を認識できるようになるためのツールとしての使用の仕方が中心的であったといえます。これまでの体育授業では数人に機器が 1 台割り当てられ、グループで動画確認と話し合いを行うというスタイルが授業のイメージとして一般的に

関連する 評価の観点	主な ICT 活用例	活用の効果
運動や健康・安全への関心・意欲・態度	・器械運動の導入の際、前年度の児童の演技例を電子黒板で提示して説明する。	・これから実施する運動を身近なものとしてとらえ、進んで運動しようとする態度を育てることに役立った。
	・生活習慣により血管がつまる映像を電子黒板で提示し説明する。	・実際に見ることができない体の内部の状態について関心をもって学習に取り組むことができた。
運動や健康・安全についての思考・判断	・生活習慣病などについて各自で考え、グループごとに児童が電子模造紙を活用してまとめる。	・意見の整理・集約が容易にできるため、望ましい生活習慣に関し、深く考えることができた。
	・ボール運動において、体育館の上からゲームの様子をデジタルカメラで撮影し、その映像を児童が各自のタブレットPCで確認し、チームで話し合う。	・客観的にゲーム中の自分の動きを確認しながら課題を発見し、チームで話し合うことで、改善に向けた作戦を考えることができた。
運動の技能	・器械運動の様子をタブレットPCを使って児童が互いに撮影し、自身の動きの改善点を確認する。 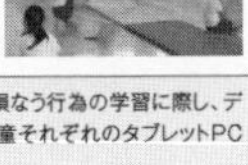	・自分の動きの改善点を、映像で確認することができるので、技能の習得につながる体の動かし方を身に付けることができた。
健康・安全についての知識・理解	・飲酒や喫煙等の健康を損なう行為の学習に際し、デジタル教材を活用し、児童それぞれのタブレットPCで学習する。	・実際に体験させることが難しいことを疑似体験させることで、健康を損なう原因について正しく理解することができた。

図 1　体育科における ICT 活用例とその効果（文部科学省，2014）

捉えられていたと思います。しかし、文部科学省によって令和 2 年度から推進されている GIGA スクール構想によって、状況が大きく変わっていくでしょう。現状では、学校内で子ども 5 名前後に 1 台の PC・タブレット

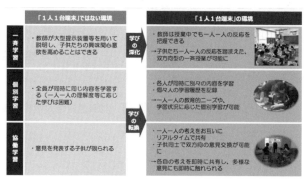

図 2　1 人 1 台端末による学びの深化と転換（文部科学省，2020）

端末を使用していますが、GIGA スクール構想が実現すると子ども 1 人につき 1 台の PC・タブレット端末が整備されることや、常にインターネットへ接続することが可能となります。そうなると、ネットワークへのアクセスを前提とする教材や学習活動も多くなるでしょう。1 人 1 台端末の状況によって「学びの深化」や「学びの転換」が起こることが想定されています（図 2）。「多様な子供たちを誰一人取り残すことなく、公正に個別最適化され、資質・能力が一層確実に育成できる教育環境を実現する」（文部科学省，2020）ことを目指して、特別な支援を必要とする子どもを含めて、すべての子どもたちがこれまで以上に自分の主体性や興味に合わせた ICT 機器の使用ができるようになります。

　本節では、このような GIGA スクール構想が始まった今の時代に応じた体育授業の改善や、これからの小学校や中学校に求められる新しい体育科経営の視点について考えていきます。

2.　体育授業改善における ICT 活用のプロセスマネジメント

　GIGA スクール構想によって子どもたちの学習環境や学習状況が大きく変化することが想定されている現状では、体育授業においても ICT 機器活用のための道筋を思い描いておくことが必要になります。近年では、学校組織の強化のための「プロセスマネジメント」の重要性が指摘されています（独立行政法人教員研修センター，2007；柳沢和雄，2018）。図 3 はプロセスマネジメントの 4 つの段階を示しています。これを体育授業経営に当てはめると、最初の段階は、教師それぞれの「主体化の種をまく」ことから始まります。ICT を活用して子どもたちの学習を深化・転換させるために、校内の教師それぞれが主体となって体育授業の改革に取り組む意識を持つことからスタートします。学校の先生たちそれぞれが当事者意識を

持って、自分が体育授業を変える・子どもたちを変えるという意識を持って取り組むことが大切です。第2段階は、「現状の分析」です。現段階で学校の中ではどのような

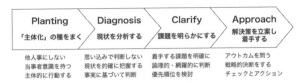

図3　プロセスマネジメントの4つの段階
(独立行政法人教員研修センター（2007）「学校組織を強化するプロセスマネジメント研修」に基づいて筆者が作成)

取り組みが行われていて、どのような成果に結びついているのかについて冷静に考えてみましょう。現在でも体育授業で工夫されていることが多くあると思いますが、それがどのような結果となっているかについて同僚と一緒に検討してみることが大切です。第3段階は「課題の明確化」です。体育授業の現状について様々な視点から分析した結果として、どこに問題があるのか、改善できる部分はどこにあるのか、ICT機器の利用で解決できる課題はあるのか、などについて論理的・網羅的に検討しましょう。そこで挙がった課題については、解決に向けた取り組みが実際にできるかどうかを踏まえたうえで、着手する優先順位を決めておきます。最後の段階は、「解決策の立案と実行」です。体育授業についての課題と優先順位が決まったところで、その具体的な解決の方法を考えて実施します。絵に書いただけの餅は食べられません。実際に行動を起こすことで、体育の授業が改善へと向かいます。この段階では、同僚との役割分担も大切になります。校内の体育授業の改善は一人ではできませんので、役割や責任の分担は不可欠となります。また、新しい取り組みの実施にあたって、成果を判断する指標についても考えておきましょう。もちろん、これは数値でなくても構いません。どのような状態になることが、「成果があった」と判断できるのかをあらかじめ想定しておくことが体育授業でのさらなる課題発見や改善にもつながるでしょう。

　現在、体育授業は大きな変革の最中にあります。変革のプロセスを明確にしておくことで、確かな成果に繋げることとなるでしょう。

3.　より明確なICT機器使用の目的意識

　体育でのICT機器の利活用によって、体育授業の様子はそれまでの姿から大きく変化しましたが、メリットだけではなくデメリットについての指摘もありました。その代表的なデメリットの一つは活動量への影響です。例えば、タブレットPCで運動を録画し、グループで映像を確認しながら改善点について話し合うという活動は、子どもたちが課題を発見したり解決の方法を検討したりするにはとても

有効です。しかし、その一方で、機器の操作や映像のチェックに多くの時間が取られてしまい、実際に体を動かす時間が犠牲になってしまうということも考えられます。体育授業での ICT の活用については、文部科学省（2014）も「ICT を用いた場合、実際の活動よりも PC を見る時間が多くなる場合もあるため、学んだ内容を実際に体験させる活動も併せて行うことも必要」であると示しており、実際の身体活動に従事する時間の確保の重要性を指摘しています。GIGA スクール構想によって全ての子どもが自分専用の機器を持って体育授業に参加することを想定する場合、機器の使用については「いつ・どこで・誰が・どうやって・なぜ」といったことについて教師と子どもたちの間でしっかり確認しておくことが大切です。機器の使用はあくまで体育授業での子どもたちの学習をサポートするツールであり、子どもたちがしっかり身体活動に浸ることを犠牲にしないように気をつける必要があります。特に、授業者は何を目的として子どもたちが機器を使用するのかを単元や授業の開始時に明確に説明することで、子どもたちは必要な場面とそうでない場面とをはっきり意識できるでしょう。

　「経営」とは「継続的・計画的に事業を遂行すること（広辞苑第 5 版）」という意味であり、体育科での経営とは継続性・計画性のある体育授業を遂行することとなります。GIGA スクール構想にもとづいた体育授業の経営という視点に立つと、これまで以上に機器の使用目的や使用場面について、授業者と子どもがお互いに意識しておくことが重要となるでしょう。

4.　ICT 機器の管理

　体育授業の経営という視点では、施設・設備の管理ということも重要なポイントとなります。体育授業に関連する物的リソースの管理は、学習目標の達成のために大きな役割を担っているでしょう。特に、GIGA スクール構想のように明確な目的をもった改革の場合には、これらのリソースの管理や活用がさらに重要となります。

　まず、施設・設備の管理については担当者・責任者を決めておくことが必要です。担当者は機器が導入されるまでの教員向けロードマップの作成や、ICT 機器に関連する使用ルールやマニュアルの作成も行う必要があります。図 4 は、タブレット機器導入に向けた準備の段階や方法、オンライン授業マニュアルなどについて担当者がまとめた例です。また、学校全体でどのように施設・設備を管理しているかの体制づくりをしましょう。これは単に物品の片付けをするということだけではなく、学校全体の学習活動を一元化してコントロールすることで、子どもたちの学習

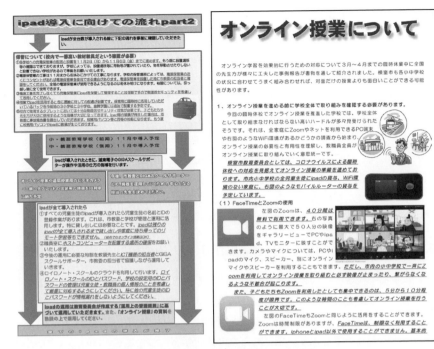

図4　ICT機器導入へのロードマップ（左）とオンライン授業マニュアル（右）
（北海道・根室市立厚床中学校での取組例）

活動によって効率的な施設・設備の利活用ができることとなります。

　物品の管理ということではすでに各学校でICT機器の整理方法を具体的に決めているところも多いと思います。今後、学校の中にタブレット

図5　タブレットPC端末の一括管理の実例

PC端末が子どもの人数分以上に存在することを考えると、それらの整理・充電、アプリのアップデートなどをどのように一括管理できるかを検討する必要があるでしょう。

5．人的資源の活用

　文部科学省は、令和2年度から「GIGAスクールサポーター配置支援事業」をは

じめています。GIGA スクール構想では全国の小中学校すべてに「1 人 1 台端末」を実現しようとしていますが、市町村内全小学校・中学校で 1 人 1 台端末を確保し、すべての端末がネットワークに繋がる環境を整備することは、学校の教師が担当する業務としては非常に難しいものです。それを実現するための人材の確保が「GIGA スクールサポーター制度」となります。この制度では費用の一部について国からの補助を得られる可能性のあるものです。ICT 支援員が日常的な ICT 活用についての支援や授業・校務・日常的な環境整備・研修準備などの業務をサポートするのに対して、GIGA スクールサポーターは ICT 導入の初期におけるネットワーク環境や PC 設置に関わる整備での技術的なサポートや各機器の使用マニュアルづくりを担当します。このような人的な資源の活用が可能になってきていることも含めて、今の教育現場は大きな改革の中にあると言ってよいでしょう。

6.　GIGA スクール構想での体育の広がり

　これまで学校現場ではテクノロジーに関する対応が遅れていると言われてきましたが、ついに急激な変革がやってきました。単に ICT 機器の使用が多くなるということだけではなく、学習の形式や様子がこれまでとは大きく違ったものになるくらいの改革となるでしょう。子どもたちの体育学習についても、GIGA スクール構想によって大きな発展の可能性があります。目的、プロセス、物的・人的リソースなど、経営の視点を持ちながらこれからの体育授業のあり方について考えていくことが今は大切でしょう。

【文献】
文部科学省（2014）「学びのイノベーション事業」実証研究報告書。https://www.mext.go.jp/b_menu/shingi/chousa/shougai/030/toushin/1346504.htm.（2021 年 4 月 24 日参照）
文部科学省（2017）小学校学習指導要領. https://www.mext.go.jp/component/a_menu/education/micro_detail/__icsFiles/afieldfile/2018/09/05/1384661_4_3_2.pdf.（2021 年 4 月 24 日参照）
文部科学省（2019）平成 30 年度学校における教育の情報化の実態等に関する調査結果（概要）. https://www.mext.go.jp/content/20191224-mxt_jogai01-100013287_048.pdf.（2021 年 4 月 24 日参照）
文部科学省（2020）GIGA スクールサポーターの活用の一層の促進について（資料）. https://www.mext.go.jp/a_menu/shotou/zyouhou/detail/mext_01007.html.（2021 年 4 月 24 日参照）
土谷賢治・土井敏裕（2016）体育学習における言語活動を充実させるための ICT 活用－教員の ICT 活用指導力の向上を目指したタブレット端末の活用方法－.
柳沢和雄（2018）体力向上マネジメント. 独立行政法人教職員支援機構：校内研修シリーズ No38. https://www.nits.go.jp/materials/intramural/038.html.（2021 年 4 月 24 日参照）
独立行政法人教員研修センター（2007）「学校組織を強化するプロセスマネジメント研修」. https://www.nits.go.jp/materials/text/files_past/process.pdf.（2021 年 4 月 24 日参照）

第3章

GIGA スクールにおける
体育授業の実践

マット運動でのICT活用
―反転学習を取り入れた実践―

冨嶋　瑛（大阪教育大学附属平野小学校）

1．1人1台の ICT 機器をどう機能させていくのがいいのか

　本校は、平成 28・29 年度とパナソニック教育財団による特別研究指定を受けて研究をすすめてきました。各クラスに 10 台ずつタブレットを配置し、専科用に 50 台のポータブルデバイスが配置されました。これを学年で 3 クラスと専科用を使うことで、1 人 1 台環境を実現することができるようにしました。また、時間割を調整することで、どの教科においても活用できるように校内の ICT 機器が整備されました。それと同時にロイロノート for スクールというアプリのアカウントが教員と子ども全員に付与されています。これによって、学級での教科指導での考え方や作品など幅広く活用できるようになりました。例えば、算数での学級全員の考え方を見ることができたり、国語での他グループの音読を聞くことができたりと、自分と他者とを比較するツールとして大いに役立っています。また、学年をまたいだ活動の際にも写真や動画を共有することができます。例えば、他学年の運動会の団体演技を見たり、縦割り活動のグループの自己紹介動画を見たりと学校行事での活用ができるようになりました。

　体育科としては、グループで友だちの動きを見ながら技能ポイントを見つけたり、上手な動きを参考にしたりすることはよくあることです。しかし、自分自身がどんな動きをしているのかを見ることはできません。これを、ICT 機器を使うことで、自分の動きをその場で簡単に見ることができるようになります。リレーのバトンパスの練習では、どんな手の出し方をしていたかや、どんな距離からスタートしてバトンをもらおうとしていたかなどを、成功した時、失敗したときでの違いを比べながら見ることができます。そうすることによって、成功した時の動きがわかるので、その動きを繰り返し練習しようという意欲につながります。

　子どもたちにとって、その場で「ちょっと見たいな」「あったらいいのにな」と

いう時に、気軽に使いたくなるような環境を整えること、そのような場をつくることが、学習意欲をさらに高め、学習内容の理解につながっていくと考えています。

2.　実践の構想

　本単元は、「側方倒立回転」を行いました。マット運動は、技を身につけたり、新しい技に挑戦したりするときに楽しさや喜びに触れ、味わうことができる運動です。またできたことに喜びを感じる中で、よりできるようになりたいと思える運動です。マット運動における側方倒立回転は、ポイントをおさえると身につけやすく、大きく美しく見せることのできる技と言えます。しかし、この運動は一瞬の動きなので、友だちの試技を見て改善点を見つけることが難しいものです。また、自分自身でどのような動きになっているかを把握することも難しく、どう改善するかを自分で判断することも容易ではありません。子どもたちが上達のためのアドバイスや教え合いをする上で、どこが上達しているのかを見つけることが必要になってきます。

　そこで、本単元では ICT 機器の活用方法を 2 つ考えました。1 つ目は、試技をその場ですぐに見合うことです。今回各グループにタブレットやポータブルデバイスを配り、友だちの試技を撮って、動きを巻き戻しやスローモーションで再生し、じっくり見る機会をつくりました。また、技能ポイントのどこができているかを照らし合わせることで、どこに改善が必要か、上達しているかがその場でわかるようにしました。そのようにして、技能ポイントができているかを教師が指導するだけではなく、子ども自身が見つけていくことができると考えました。

　2 つ目は、学習を進めるにあたり、反転学習を取り入れることです。授業の流れを「前回学習した動きの練習」→「新たな課題」→「試す」にします。しかし、「試す」時間は十分に取れないため、習得の難しさが予想されました。そこで、課題となる動きの見本となる動画をロイロノート for スクール（図1）というアプリを活用し、これにログインすることで自宅でも見本となる動きを見られる環境を整えることにしました。そうすることで、体育授業以外でも見る機会ができ、「上手になりたい」と思い、次回の

図1　ロイロノート for スクール

授業までに技能ポイントを見つけることになります。そうして、次時を動きの共有ができている状態で迎えられることで、時間を有効的に使えると考えました。

3.　実践の様子

実践では、大きなテーマを「美しい側方倒立回転をしよう」としました。「美しい」とは、技能ポイント（コツ）を理解し、安定した動きになっているものと捉えて、単元を進めました。美しくするためのコツを見つけるために、事前に授業で扱う動きをロイロノートで子どもたちに送っておき、共有した状況で授業に取り組む構成にしました。子どもたちは、見本の動画を見て、どこにコツがあるのかを見つけたり、考えたりした上で授業に臨むことができました（図2）。そうすることで、毎回の課題共有の時間を節約でき、その分運動する時間を確保することができました。

子どもたちは、学習活動に取り組む前に自宅で、授業者からの動画を見ていました。自宅で見ることができない子どもについては、学校のタブレットを使って見ていました。ロイロノートを使うことで、アプリをダウンロードできれば、家

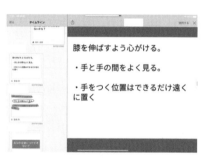

図2　子どもが動画で見つけたコツ

庭のデバイスでも動画の視聴が可能となるので、実際に ICT 機器を持ち帰る必要性がなくなりました。また、コツをじっくり時間をかけて考えたい子どもにとっては、落ち着いて取り組むことができるという利点となります。単元を通じて、子どもたちは自分たちで見つけたコツを、課題の技に応じて吹き出しのワークシート（図3）に書き込んでいくことにしました。出てきたコツを生かして、次の課題の技に臨むサイクルができ、コツを見つけることが上達につながるとわかり、子どもたちは意欲的に取り組むようになっていきました。また、コツを見つけていく中で共通したコツを気づく子も現れ、その結果上達する時間が早くなりました。

単元後半には、自分の行った側方倒立回転を見直し、より美しくしていくために動

図3　吹き出しワークシート

単元計画

時数	学習活動	指導者の役割
1	オリエンテーション （美しい側方倒立回転をしよう）	
2	美しいよじ登り壁倒立ができるようにコツを見つけよう	よじ登り壁倒立の動画を送る
3	美しい山跳びこしができるようにコツを見つけよう	山跳びこしの動画を送る
4	美しいゾウさん歩き①②ができるようにコツを見つけよう	ゾウさん歩き①②の動画を送る
5	ゾウさん歩き①②のコツを使い、ゾウさん歩き③のコツを見つけよう	ゾウさん歩き③の動画を送る
6	ゴムを使って、こし（おしり）の高いゾウさん歩き③をしよう	ケンステップを使ったゾウさん歩き③の動画を送る
7	見た目も美しい側方倒立回転にするため、足を上げよう	ゴム組を使ったゾウさん歩き③の動画を送る
8	見た目も美しい側方倒立回転にするため、足を上げよう	ゴム組を使ったゾウさん歩き③の動画を送る
9	どんな練習方法を選ぶと、美しい側方倒立回転に近づくのか考えよう	見本の動画と比べて自分の動きを見て、できていないところを見つけさせる
10	美しい側方倒立回転ができるようになるために、○○に気をつけて練習しよう	

画と子どもたちのコツから作ったチェックリスト（図4）を照らし合わせて、どこに課題があるのかを見比べる活動をしました。子どもたちは、試技をしてはチェックリストで友だちがチェックしてくれたチェッ

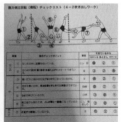

図4　動画とチェックリストを確認

ク表を見ながら課題を知り、動きの改善に向けて練習に励んでいました。また、チェックリストについては動画とともにロイロノートに提出させ、子どもたちのeポートフォリオとして蓄積させました。前時の動きに比べて、どう上達したかが明確になり、子どもたちは上達をより実感できるようになりました。

4.　実践における成果と課題

　実践における成果として、集団的・協同的なかかわり合い活動に関る形成的授業評価を見ると、図5のようになりました。はじめは、グループ内で課題に対して意見を出し合うことができなくて、2.1 と低い値だったのが、10回目にはどんどん意

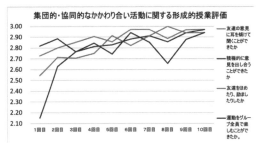

図5　集団的・協同的なかかわり合い活動に関する形成的授業評価

見を出せるようになりました。それと同じように友だちの意見に耳を傾けて聞いたり、友だちをほめたり、励まし合ったりすることも意識してできるようになっていました。これらの項目が高くなったのは、いつでも自分の動画を見ることができ、チェックリストによってグループの友だちの動きをしっかり見ようという意識につながったためと考えられます。これまでも、グループでの活動はありましたが、自分の動きに注目してしまい、友だちの動きの改善まで考えることがあまりありませんでした。しかし、動画を撮ると友だちの動きを見る機会は必然と多くなり、その過程でコツを共有しているからこそ、どうすれば上達できるかの視点をもってアドバイスすることにつながりました。

　その他にも、ICT 機器を授業で使うことで、どの位置から撮ると見やすいかやコツをしっかり生かしているかの確認を、動画を通してするようになりました。足が開いているかを確認するには、試技している人の横から撮る方がよいことなどが授業を進めていく中でわかってきました。また、側方倒立回転をする上で必要なコツの一つとして、腕支持感覚があります。その時に出てきたコツとして、手と手の間を見ることでした。このコツがゾウさん歩きをする際にも大切だということになりました。しかし、試技している子どもにとっては、手と手の間を見ることができていると思っていても、グループで見ている子どもからすると、手と手の間を見ているように見えないということがありました。そういった時に確認をするために子どもたちが考えた確認方法が、手と手の間にタブレットを置き、インカメラにして動画を撮るということでした（図6）。動画を確認した時に、試技している本人ができていると思っていても、動画で目線が合っていなければ、手と手の間を見ていないということがわかることを子どもたちが発見していました。タブレットの使い方としては、あまり適しているとは言えませんが、子どもの発想の豊かさには驚きました。子どもたちなりに ICT 機器をどうすれば有効活用できるかを考えているこ

とが窺えました。

　課題としては、授業の中で子どもたちは、技をすると動画を撮ることを当たり前と捉えるようになりました。また、子どもたちにとって ICT 機器を使うことは、側方倒立回転の上達には欠かせないものになりました。その結果、「技をする」→「確認をする」→「練習する」→「確認する」というように撮った動画を見ることが多くなりました。すると、技の上達にするための練習の時間が少なくなってしまいました。また、チェックリストを活用するとチェック項目までをじっくり見ることになり、より時間がかかりました。撮る時間と練習する時間を分けて活動させる方がよかったかもしれません。

図6　タブレットを活用した確認

5.　単元の特性における ICT の効果的活用

　今回の単元では、側方倒立回転で ICT 機器を活用してきました。側方倒立回転を学習する前に、逆さ感覚と腕支持感覚を掴ませるためによじ登り倒立をしました。肩に体重がしっかり乗せて、体を壁と平行にすることを心がけて練習しました。子どもたちの中には壁から手が離れているよじ登り倒立（図7）になっているにもかかわらず、「できた」と思っている子がたくさんいました。ICT 機器を使って自分の姿を見て、初めてできていないことをわかることが多くありまし

図7　手が離れているよじ登り壁倒立

た。だからこそ子どもたちは、ICT 機器を活用することで本来の自分の姿を見て、改善しながら取り組むようになりました。教師がいくら子どもにできていないことをアドバイスしたとしても、納得しないままでは改善しようという気持ちにはなれません。その点において、客観的に見ることのできる ICT 機器は効果があると感じます。

　他にも、ロイロノートを活用し、反転学習を取り入れ、事前に子どもたちに課題の動画を送ってコツを考えさせることは、技のコツをしっかり子ども自身で見

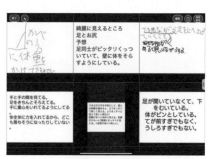

図8　事前にイメージしたコツ

つけることにつながります。子どもたちは、どんなことを次の時間に学習するのかを見通しを持って取り組むことになります。見通しがあるからこそ、次の時間に今までにできたことと課題に感じることがはっきりするので、より課題の解決に向かって取り組めるようになります。イメージしたコツ（図8）が実際に体を動かして、できるのかを確認することにもつながりました。

6.　今後の活用の可能性について

　反転学習を取り入れた体育学習は、これからも活用できる単元をする上で必要になるのかもしれません。また、ICT 機器の活用においても、体つくり運動や陸上運動、ボール運動領域などでも自分の動きを確認するためには、客観的に自分を見る手段として有効になってくると考えられます。しかし、ただ子どもたちに使わせればいいというのではなく、教師側が子どもの学習に必要なポイントに絞り、必要に応じて取り入れていくことが重要でしょう。

7.　反転学習について

7.1　事前に見ておくように提示した課題

　これまでの学習課題は、授業が始まってから見本の提示などをすることがありました。子どもにとって、どんな動きなのかを見本から知ることになります。運動が苦手な子にとっては、その場の見本だけで把握しなければいけません。1 度の見本だけでは、どのように動けばいいのかわからなくて混乱することがあります。ケンステップを使ったゾウさん歩き③（図9）の動きでは、4 つのケンステップを足と手を置く用に使い分けています。どこに足や手を置くのかが大切になってきます。実際の授業で子どもが練習する場合は、右か左かスタートの踏み出す足のどちらがいいのかを決めさえすれば、練習はスムーズに行うことができていました。また、学級の子ども全員が動きをわかっているので、実際の授業で見本を必ずすることもなく、その分を練習する時間

図9　ケンステップを使ったゾウさん歩き③

を確保することができました。その他にも、実際に動きの練習をする前に、ワークシートに見本の動画を見て必要なコツを子どもたちに考えさせていたので、子どもたちは考えたコツを活用できそうか確認することに時間を使うことができていました。

7.2　家でも動画を見れることによる子ども自身の振り返り

　子どもたちは、授業で事前に見た動きからどのようにすればできるのかを練習をしながら考えていきます。そして授業の最後には、今日の段階でどれだけできるようになったのかを動画に記録します。撮った動画はロイロノートに提出します。子どもたちは、自分の練習姿が、吹き出しワークシートのコツを活かした動きになっているのかを自宅で確認できるようになります。

　側方倒立回転で単元を通して重要なコツが、「手と手の間を見る」ことでした。子どもたちも手と手の間を見るように意識しながら練習をしていましたが、実際にはできていない子もいました。客観的に見ていると、できていないことは明確ですが、子ども自身は「できている」と思っている子もいました。しかし、自分の動画を見ると、できていないことに気づくことになります。授業でできることは動きの確認までです。そこで子どもたちは、できていないことを克服するためになぜできていないのかを見本の動画と見比べたり、どうすれば改善できるのかを考えたり、自宅で学習するようになりました。授業は練習する時間にあて、動きの改善のための振り返りを自宅でするようになりました。

7.3　親との体育学習においての交流

　ロイロノートでは、アカウントさえあればタブレットで授業内に撮影した動画を見ることができます。子どもが自宅で使用するタブレットは、大半の保護者が普段使っている物でした。本学級の子どもたちは、学習のために保護者のタブレットを借りて課題の見本や自分自身の動画を見ていました。すると、保護者は我が子の体育の学習内容を見ることができるようになりました。普段保護者にとって、学校の体育でどんな学習をしているかなど、子どもから話をしない限り知ることはできません。しかし保護者は、子どもの動画を見ることで、どんな運動をしているかを確認することができます。家庭の中では、体育の運動の動画を見ることによって親子で会話することが増えたと、保護者との懇談会の中で聞きました。子どもの頑張りを知ることのできる有効な手段になっていました。さらに子どもは保護者とともに、課題に対するコツを見つけるなど同じ話題を共有することが可能になりました。

1人1台のICT機器を活用した
ポートフォリオ作成の取り組み

中島寿宏（北海道教育大学札幌校）

1. 体育を捉える視点の転換

　新学習指導要領（文部科学省，2017：2018）において、「教育課程を通して、これからの時代に求められる教育を実現していくためには、よりよい学校教育を通してよりよい社会を創るという理念を学校と社会とが共有し、それぞれの学校において、必要な学習内容をどのように学び、どのような資質・能力を身に付けられるようにするのかを教育課程において明確にしながら、社会との連携及び協働によりその実現を図っていくという、社会に開かれた教育課程の実現が重要となる（前文，p.15）」と示されています。「どのように学ぶか」「どのような資質・能力を身につけられるか」というように、主語が「子ども」となっていることが特徴の一つです。つまり、現代の教育の在り方として、「教師が何を教えるか」という視点ではなく、「子どもたちが何を身につけるのか」という子どもが中心的として捉える視点への転換が重要となっています。単にコンテンツ（知識）を伸ばすことのみではなく、そのコンテンツをどのように活用するのかというコンピテンシー（能力）を伸ばすことに転換していく重要性が強調されています。つまり、全教育活動を通じて、①生きて働く「知識・技能」、②未知の状況に対応できる「思考力・判断力・表現力」、③学びを人生や社会に生かそうとする「学びに向かう力・人間性」という3つの資質・能力（コンピテンシー）の育成（梅澤，2020）が求められています。また、教育現場ではICT環境を基盤とした先端技術・教育ビッグデータを活用することによって、「児童生徒向けの1人1台端末と、高速大容量の通信ネットワークを一体的に整備し、多様な子どもたちを誰一人取り残すことのなく、公正に個別最適化された創造性を育む教育を、全国の学校現場で持続的に実現させる構想」であるGIGAスクール構想にもとづいた教育改革が進められています。子どもたちのコンピテンシーの育成という視点と、GIGAスクール構想によるICTの利活用に基

づいた教育がこれからの学校教育には不可欠となっており、教育現場にいる教師たちもこのような大きな転換に適応していくことが求められていくでしょう。

2.　ICT 機器の導入とポートフォリオ評価

　子ども一人に 1 台の学習用 PC を準備することで、子どもたちは自分の目標や課題に合わせて PC を活用することや子どもそれぞれの学習の軌跡を可視化データとして保管・蓄積することが可能となり、一人一人に合った学習の展開や調整ができるようになります。また、子どもたちがペアやグループで協力しながら自分たちで発表用の資料作成を行うことも実現することができるようになるでしょう。

　最近では、子ども一人一人が自分に合った学習を進められるようになるための一つのアプローチとして、「メディアポートフォリオ評価」や「e ポートフォリオ評価」が注目を集めています。ポートフォリオ評価とは、たとえば「学習活動において児童生徒が作成した作文、レポート、作品、テスト、活動の様子が分かる写真や VTR などをファイルに入れて保存する方法」（グロワート，1999，p.8）と定義されていて、「教師の指導」「子どもの学習活動」「評価活動」が最初から最後までお互いに離されがたく結びついた三分岐融合型の評価モデル（高浦，2000，p.43）のことを言います。子ども一人に 1 台の PC が準備・活用されることで、ICT やメディアを活用したポートフォリオ評価がこれまで以上に実施しやすくなるでしょう。

3.　実践の構想

　北海道教育大学附属札幌小学校では、Society 5.0 に生きる子どもたちに合わせた教育の実現のために、学習者用 PC や高速ネットワーク環境などの整備を含む GIGA スクール構想にもとづいた改革を進めています。2020 年度からは、①子ども一人につき 1 台の PC（タブレット端末含む）の配備、②オンラインを用いた双方向型授業の実現、③クラウドサービス（グループウェア、ファイル共有など）の導入、という 3 つの具体的な取組を開始しています（図 1）。

　これらの GIGA スクール構想と関連する取組の中で、体育の授業では上記した 1

図 1　北海道教育大学附属札幌小学校の取組

人1台PCを活用したeポートフォリオ評価の実践を行いました。これまで体育における学習評価では、メディアを活用したポートフォリオ実践における視点として、学習と指導の「場面」と「文脈」を損なわない評価をすることができる点や、学習と指導を一体としたかかわり合いによって生み出される運動の世界を生成しやすい点が挙げられています（鈴木, 2007）。また、学習過程において、パフォーマンスがテーマに即しているかを見取るためにタブレットPCを用いた形成的アセスメントプロセスを考案し、その有効性を示唆した実践例も報告されています（梅澤, 2020）。

　今回、北海道教育大学附属札幌小学校では、1人1台のICT機器環境のもと、高学年の陸上運動領域の「ハードル走」を実施しました（授業者：河本岳哉教諭）。本節では、体育の単元終了後にeポートフォリオ評価法の一環として学習を振り返る活動を取り入れることでどのような学習成果に結びついたかを紹介します。

4. 実践内容と授業の様子

　本実践は、北海道教育大学附属札幌小学校の5年生の陸上運動領域「ハードル走」の単元です。全6時間の単元となっていて、①試しの運動、②課題発見―課題解決、③総括的活動（大会運営）という、大きく3つの場面から構成された単元となっていました（図2, 図3, 表1）。

　本実践では、ハードル走での各自の課題を解決するために、グループでの話し合いによる学習を中心に進められていました。子どもたちはお互いに走る動作についてアドバイスをし合いながら、ハードルを走り越えていく動作のコツを見つけていくという展開となっています。教師は個人やグループに声をかけたり発問をしたり

図2　単元序盤の「試しの運動」の様子

図3　単元中盤の「課題解決」に向かう様子

表1 「ハードル走」の単元計画

小学校５年　単元名　ハードル走（６時間）　　指導と評価の計画　　（簡易単元構造図）					
単元の目標	知識及び技能	ハードル走の行い方を理解するとともに、ハードルをリズミカルに走り越えることができるようにする。			
	思考力、判断力、表現力等	自己の能力に適した課題の解決の仕方や競走の仕方を工夫するとともに、自己や仲間の考えたことを他者に伝えることができるようにする。			
	学びに向かう力、人間性等	運動に積極的に取り組み、約束を守り助け合ったり、場や用具の安全に気を配ったりすることができるようにする。			

単元の評価規準

	知識・技能	思考・判断・表現	主体的に学習に取り組む態度
	①ハードル走の行い方について、言ったり書いたりしている。 ②第１ハードルを決めた足で踏み切って走り越えることができる。 ③インターバルを３〜５歩で走ることができる。 ④スタートから最後まで、リズミカルに走りながら真っ直ぐに走り越えることができる。	①自分が運動したことを言ったり、連続図に目印や色を付けたりして、自己の能力に適した課題を見付けている。 ②踏み切りや着地の位置に目印を置いたり、自己の能力や今後の練習方法を選んだりして、自己の課題を解決したりしている。 ③友達の取組を見て回って成果や課題を伝えたり、インターバルの数や、空中姿勢に着目して、動きを見付けたり学習の振り返りを友達に伝えたりしている。 ④友達の取り組みの良い点や課題を見付けたり、その解決方法を工夫したりして、自己や仲間の課題を見付けている。	①ハードル走に積極的に取り組んでいる。 ②ハードル走の約束を守り、仲間と助け合っている。 ③用具の準備や片付け、計測や記録など、分担した役割を果たしている。 ④ハードルの準備や片付けを受け入れている。 ⑤課題を見付けたり、その解決方法を工夫したり、仲間の考えや取組を認めている。 ⑥場や用具の危険等に気を配っている。（支え合い）

指導と評価の計画

時間	1（ためしの運動①）	2（ためしの運動②）	3（重点：課題発見）	4・5（重点：課題解決）	6（総括的な評価及び大会運営）
目標	ハードル走の行い方を理解することができる。	自己の能力に適したコースを選んで、走ることができる。	友達と動きを見合い違いを比較して運動し、自己の課題を見付けることができる。	踏み切りや着地の位置に目印を付けるなどして、自己の課題を工夫したり練習方法を選んだりして課題を見付けることができる。	ハードル走に積極的に取り組み、取り組んだことを仲間と認め合って運動に入れることができる。
学習の流れ	○準備活動 ・ハードル走の行い方を知る。 ・1・2・3・ジャンプで走る。（れんだん、40m） ○同じ踏み切りの足で走り越える。 ・40m走とタイム測定の行い方や記録という行うことで、単元の最初に個人的に人数とチーム戦を行うと記録を付ける。 ・道具の運び方や準備する場所など、安全に気を付けることに気付かせる。 ○40mハードルを行う。 ・短距離走を行う。 ・1台目までの距離が開かないか、少しインターバルが狭く、右に左にぶれる。 ○振り返り（※タブレット端末） ・見る・見る・支える・知る等の観点別に分けて記入する。	○準備活動 ・リズム走 ・1・2・3ジャンプで走らせて、40mを走らせる。 ○学習目標の提示 （自分に合ったインターバルを見つけよう！） ・5.5mくらいぶらぶらと見比べる。 ○40mハードルに取り組む。 ・1・2・3ジャンプができているかな？でも、あれこれ互いにインターバルの場を変えたり、音しのインターバルができないか。自分のリズムを調べる。 ・どんどん走り出せるのに、車の調子はほどほどに、高く跳びすぎてしまった。 ○振り返り（※上に同じ） 自分に合ったインターバルが見つかったんだ。1・2・3ジャンプで連続まで走り付けたよ。	○準備活動、リズム走 ○課題の記録及び評価の提示 ・40m走とタイム測定を行い、1.8秒だ。 ・記録を中心に調べる。 【課題を見付ける活動】 どうすればタイムを縮められることができるかな。 ○自己の課題を振るえ考えてみよう。 ・私は最後の辺りにもられていちゃだ。 ・僕は、とび方がよくない。 ○自分の課題を見付けて、カードに記入する。 ○課題に気付いてないために各課題の解決が早いように踏み切りを見付け、お互いの解決に向けて話し合い、具体的な解決方法を選択する。 ・6年生と比べてどこが違うだろうか。 ・お互いに足をしっかり出して取り組んでみた。 ○振り返り（※上に同じ）	○準備活動、リズム走 ○課題を解決する工夫を考えたの。 ・自分の動きを工夫したり、動きを友達に伝えたり、自己の能力に適した練習方法を選んで交流する。 ・学習カードのクラウド及び付き起きネットワークを作成して、具体的な動きを確かめて交流する。 【課題を見付ける活動】 ・「足が小さくて、どうすればいいかな？ ・解決するための方法を調べて、友達に伝える。 ・足を前に出していくなど、足幅に注目してみた。 ○課題に動きで確認することができるかな。 ・足幅は狭いのだ。 ・上記の課題に戻る。 ・もっと深まるといいな、どうすればいいかな？ ○友達からの動きのアドバイスを受けて、 から新たな課題を見付けられるようにする。 ○足が着地して、踏み切りが安定にでる みたいな。 ○振り返り（※上に同じ）	○準備活動 ○大会の概要等を説明し、意義と役割の確認 ・一人一回記録をとって、良い方を採用するだ。 ・自己に出せるように頑張る。チーム内に情報共有に声を掛けて盛り上げる。 ○記録会を行う。 ・僕は、練習したときに比べて低く低く跳び続けを意識すること。 ・私は、踏み切りの位置を確かめて低く素早く踏む。 ・運動会の時のように、対戦相手の気持ちにも考えていた。 これまでの課題を見付けて解決してきたから、２時間目よりもタイムが縮まったよ。ハードル走って面白い！ 【パフォーマンステスト評価（1）】 ハードルを①第１ハードルを３歩で踏み込み、②インターバルを真っ直ぐ走る、③リズムを取りながら真っ直ぐに足を走らせることができている（横取り＊ビデオ撮りを行い、下記につなげる） 以後、5時間目にかけて＊1・＊2を繰り返し、踏み切る位置を変えにくいして足を前に出したりしながら新たな課題を見付ける。 【パフォーマンステスト評価（2）】 単元最後では①ハードル走を３歩で踏みこみ、②インターバルを真っ直ぐに走ることができている（横取り　＊ビデオ撮りを行い、下記につなげる） ○振り返り（※上に同じ） ・自分の思考の変容について調べる。（Google スライド）
評価 知			③	②③	①②③④（※2）
思	①	①②	①②③	②③	①②③④⑤⑥（※2）
態	①②観察・学習カード（※2）	①②③④観察（※1）	①②③④⑤⑥観察（※1）	②③	①②③④⑤⑥（※2）

※1　「知」「技」「思」「判」「表」、「態」について、各授業後には学習カードの記載等から見取って評価していくとともに、評価の信頼性を高めること。①②③の観察と態度
※2　「主体的に学習に取り組む態度」は、単元全体で評価した。①については３・４・５時間目を中心に、⑤については６時間目を中心に評価する。

しながら、子どもたちが課題を見つけて解決していけるようなサポートを行っていました。

図4　授業の振り返りとスライド作成の様子

　子どもたちはそれぞれの授業の振り返りを各自で PC に記録することで、単元の流れや自らの学習の過程を蓄積していきました。単元終了後には、「どうすればハードルを速く走り越えることができるか」という課題に対して、自分の考えについてそれぞれ PC を使用してスライドにまとめました（図4）。

　スライドを作成する過程で、子どもたちは単にハードル走でどのくらい速く走ることができたかということだけではなく、自分が何を課題として意識してきたのか、どのような解決方法を考えてきたのか、課題解決に向かって取り組んだことでどのような結果になったのか、などについて、単元全体として学習を振り返っていたようです。一人一人が蓄積された自分の学習の様子を俯瞰で眺めることで、能動的に自分の学習課題と成果を整理することができていたようです。

図5　作成したスライドの例ご了承

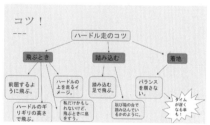

図6　「ハードル走のコツ」の整理

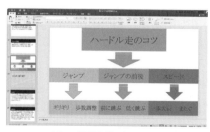

図7　課題解決の振り返り

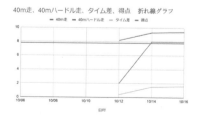

図8　記録の推移グラフを作成

5.　実践における成果と課題

　本実践では、子どもたちの振り返りの中に、「リズム」「助走」「踏み切り」「前のめり」など多岐にわたる語句の使用が見られ、運動のコツを多面的に捉えようとしていたことがわかりました。また、「知識獲得には、学習者自身が自分の力で整理するという能動的な活動が有効である」（岡・今川, 2012）とあるように、子どもたちにとってはハードル走の課題解決に向かう学習を通して、概念マップを作成する行為自体がメタ的に自身の学びを捉えることにつながっていたと考えられます。また、今回の授業データや子どもたちが作成したスライドはクラウドサーバ上に保存することで、いつでも取り出して確認することができ、次年度以降も自身の考えやデータを活用することが可能となります。教師にとっては、子どもたちの記述データやスライド資料を確認することにより、学級単位での学びの様相を捉えることにつながっていました。また、記述内容はデジタルデータとして保管されていますので、例えばテキストマイニングによる解析を行うことで、学級全体の学習の様子を客観的に捉えることが可能となり、教師自身が授業の成果を振り返る材料とすることも可能となります。本実践のように、eポートフォリオ評価に取り組むことで、授業改善に活かすための有効な手立てとなり得ることが示唆されたと考えられるでしょう。

　ただ、本実践では体育授業のみでの活動となっており、他の教科や授業以外での学校内の活動と関連させられていませんでした。今後は、教科横断的な視点を持ちながら、学校内の他の活動とも相互補完的に関連させた取り組みにしていくことが求められるでしょう。

6.　客観的視点による深い学び

　本実践では、小学校での1人1台のPCの活用によるeポートフォリオ評価を取り入れた体育授業を試みました。子どもたちは自分自身の課題意識や解決に向かう過程について客観的に捉えることで、より深い学びにつながっていたと考えられます。

【文献】
梅澤秋久（2020）新学習指導要領に対応したこれからの体育の評価の方法. 体育科教育学研究, 36(1)：pp.55-60.
鈴木直樹・齋地満（2007）体育の学習と指導を一体化する「ポートフォリオ評価」の活用に関する一考察. 埼玉大学紀要, 教育学部, 56(2)：pp.1-13.
エメス・グロワート. 鈴木秀幸訳（1999）教師と子供のポートフォリオ評価―総合的学習・科学編. 論創社.
高浦勝義（2000）ポートフォリオ評価法入門. 明治図書.

中学校器械運動における
自己評価活動を促進するICT利活用

鈴木　大 （川崎市立川崎高等学校附属中学校）

1. 1人1台のICT機器（パソコンやタブレット）をどう機能させるか

　1人1台の情報端末を持たせた未来を見据えた学校として本校は2013年に開校しました。ICTをツールとして有効に使い、情報を適切かつ的確に活用する力を育成するために、各教科での研究が行われてきました。

　研究を進める中で、教科、単元によって効果的にICT機器を使うことのできる場面は様々です。そのなかでは、計画的にICT機器を使うことも大切ですが、子どもたちが必要を感じて場面状況に応じて柔軟にICT機器を使うことのできる感覚を身に付けさせることの意味が明確になってきました。そのため、教師も子どもと同じ感覚で柔軟に対応していくことが求められます。

　活用の場面を研究するために様々な場面でICT機器を使いましたが、少しずつICT環境も整備され、現在の附属中学校のICT環境が整ってきました。ICTの活用に消極的になるのではなく、ICT機器を効果的に使うための工夫を積極的に行うことが、教師側の意識として必要になります。

　1人1台のICT機器を有効に使うことは「自らの疑問について深く調べることができる」「自分に合った進度で学習することができる」「デジタル教材を用いることで思考を深めることができる」などの利点があげられます。ただし、「情報を入手するためにインターネットで誤った情報を入手する」「機器の接続異常により授業内で機器が活用できない」「PC等を使うことが主になり、授業のねらいが薄くなってしまう」ことなど、注意すべきことも多くあります。

　「ICTの効果的な活用」については、これまでも保健体育ではデジタルカメラやビデオカメラ、タブレットなどを使ったペア・グループ学習、プロジェクターなどで拡大提示をしながら一斉指導で活用するなど研究が進められ、現在でも広く活用されています。次世代型のICT環境として1人1台のICT機器を効果的に活用す

るためには、これまでの ICT 利活用に融合させて単元や場面状況によって使い分けることが大切になります。

1人1台の ICT 機器を使うことのメリット
・ 個人のタイミングで適切に使える（個に応じた学びが可能になる）
・ 情報の共有が容易にできる
・ 自分の技術をいつでも確認することができる
・ 自分の動画を見ることでより具体的な課題設定ができる
・ 自分の動画を見ることで技術の向上（自己の変容）を確認することができる

2.　実践の構想

　1人1台の ICT 機器を利活用するために、「どの場面で使うことができるのか？」も大切ですが、「子どもの資質能力を高めるために何ができるかの期待感から、その具体的方法を考えて実現させる」ことを利活用のための基準と考えました。

　しかし、保健体育では単元の特性や活用場所、天気などの条件が影響します。

ICT 機器を使う際の検討された事項
○ PC の活用と活動量のバランス
○ PC に不具合が起きた時の授業時間への影響
○単元による PC を使うための環境
　・ グランドで直射日光による PC 画面の反射や砂ぼこり、突然の降雨
　・ 球技でボールや用具による PC の損傷
　・ プール等の水辺での使用

　そのためにも、「授業のねらい」を柱におき、環境の条件から ICT 機器を有益に使用するための具体的な方法を加味した計画が求められます。

　本校では、授業のはじめに「単元目標や本時の目標、ねらい、本時の流れ」をプロジェクターに投影し、本時の確認や手本となる動画を映して技術の説明をするといった教師から子どもへ PC で伝達する場面（活動提示場面）と、ペアやグループの活動でお互いの PC を使い、活動の映像を見ながら気づいた点を子ども同士でアドバイスし合い技能の向上につなげる場面（課題発見・課題解決場面）を、体育活動の基本として授業に活かしています。

　学習指導要領解説には「運動の実践では、補助的手段として活用するとともに（中略）活動そのものの低下を招かないよう留意することが大切」と示されていま

す。だからこそ、Wi-Fi の接続環境や PC の立ち上げ、操作時間など体育活動が大幅に削られないよう、PC の使い方の工夫や単元のねらいに合った活用を考える必要があります。

3.　実践の様子（器械運動：マット運動　1年）

表1　単元のみちすじ（学習過程）

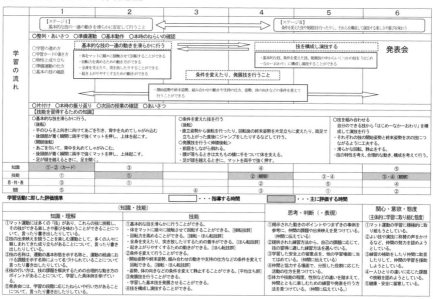

3.1　学習の経過（4/6 時間目）

　全体指導の中でそれぞれのポイントを指導し、副教材や PC を活用しながら、グループ内で技のポイントについてアドバイスをしやすいように工夫しました。また、自分の動きを確認しながら一連の動きを滑らかに行うための課題を明確にし、仲間とお互いに協力して課題解決に向けて援助し合います。4時では子どもが条件を変えたり、発展技を行うために、仲間との練習で補助をしたり助言し合い、お互いの学習に対して援助できるように ICT 機器を有効に活用します。

3.2　本時のねらい

（1）開始姿勢や終末姿勢、組合せの動きや手の着き方などの条件を変えて回る（回転する）ことができるようにする。　　　　　　　　　　　　　　　　　〈技能〉

(2) 練習の補助をしたり仲間に助言したりして、仲間の学習を援助することができ
　るようにする。　　　　　　　　　　　　　　　　〈学びに向かう力・人間性等〉

表2　本時案（4/6 時間目）

		学習活動・学習内容	指導上の留意点（●指導　○評価）	ICT の活用
は じ め	1　集合、出欠席確認、あいさつ。 2　準備運動	○それぞれの動きを丁寧に行う ・体操、ストレッチ、補強運動、基本動作	・出席を確認し、健康状態を把握する。 ・安全に配慮して活動させる。 （活動を始める前に、器具の点検をさせる。） ・グループで互いの動きを見合い、アドバイスし合う。	
な か	3　本時のねらいの確認		●個人にあったねらい、課題になるように、前時を振り返らせる。 「基本的な技を、条件を変えて行ったり、発展技につなげたりして、技の出来映えをお互いに高めよう。」 ・パソコンの動画をみて、もっと良くなる点を見つける。 ・一連の動きがスムーズに連続技としてできるようにしよう。	・プロジェクターを使って拡大表示をする。 ・前回の動画を参考につまずきからの課題解決方法を紹介する。
	4　課題練習 ・組み合わせた技の練習	・連続技を工夫して行う。 ・技を組み合わせて練習を行う。 ・発表者の演技に対して補助を行う。	○「学習した基本技を条件を変えて行うことができる。」〔技能〕 （実現状況判断のポイント） おおむね満足できる状況 ・技の開始姿勢や終末姿勢をつなぐ技に応じて変えている。 ・技が止まらず、つなぎ技を入れてスムーズにできている。 努力を要する状況とその手立て ・連続技の中で技と技のつなぎがうまくいかず、スムーズな連続技につながらない。 →技の構成の順番をペアが伝えながら演技をするようにする。 →技の構成の順番を考えるようにアドバイスをする。	・撮影については場面状況を考えた上で行う。
	5　学び合い、課題解決 ・発表者 ・観察者（撮影者） ・補助者	・お互いによいところを指摘し合い、課題を見つけ出す。 ・発表者の撮影を行う。 ・発表後に自分の課題を副教材や動画を確認して練習を行う。	●グループの仲間の技を見合い、アドバイスし合うよう指導する。 ○練習の補助をしたり仲間に助言して、仲間の学習を援助しようとしている。 　　　　　　　　（主体的に学習に取り組む態度） （実現状況判断のポイント） おおむね満足できる状況 ・仲間に助言したりして、仲間の学習を援助しようとしている。 努力を要する状況とその手立て ・仲間への声かけがない。 →ICT機器や補助教材などを使い、お互いの演技を見ながら助言し合えるようにする。	・仲間の課題が画像で見て分かる角度から撮影をする。 ・実際に見た技能を中心に映像も活用してアドバイスを行う。
ま と め	6　本時のまとめ 　・次時の確認 7　健康観察	・学習ノートに記入する。 ・次時の課題を明確にしておく	・仲間からのアドバイスを受け、次時に向けての課題をノートに記入している。 ・学習成果のあがっている生徒や課題を抱えている生徒の工夫や課題解決の手立てについて情報を共有できるよう配慮する。	

　「開始姿勢や終末姿勢、組合せの動きや手のつき方などの条件を変えて回る（回
転する）ことができるようにする」「練習の補助をしたり仲間に助言したりして、
仲間の学習を援助することができるようにする」という本時のねらいを達成するた
めに「演技を PC で撮影し、客観的に自分の演技を見て、アドバイスを受けながら
自分の技の改善点を見つける」という手立てを講じています。子どもの様子を見る
と練習に意欲的に取り組んでおり、PC を使ってお互いの動画を撮り、みんなで見
ながらアドバイスをし合う場面が多く見られました。映像を使いながらアドバイス
をする子どもたちの会話から、「挑戦してみようかな」「見ていてあげるからやって
みなよ」「この部分（課題）を見ていて」といった言葉を聞くことができ、一人一
人が課題解決に向かっている姿を見とることができました。授業後、子どもたちに

PC を使って技の出来栄えを確認することについて聞くと、「言葉だけのアドバイスではなく、映像を使いながらのアドバイスをもらうとその後の練習に活かしやすい」という言葉や、「良い（具体的な）アドバイスをもらえると映像が活きてくる（言っている意味が分かる）」という感想を聞くことができました。

4.　実践における課題と成果

　ICT 機器の有用性について聞いたところ、「演技の様子で気になったところを何度も再生できる」「アドバイスを複数受けて個人で何度も見直す。そして実践している」という感想がありました。また、PC のカメラ機能を活用して技能の向上を目指す授業を通して、更に技能を向上させたいと思った子どもの中には、器械運動の技術についての解説付き動画などをインターネットで調べて、更に上達につなげようとする子どももいました。授業で ICT 機器を活用したことにより、自ら工夫して活用するという行動は、主体的であるとともに探究的な学びにも通じていくことにもなると考えます。ただし、教師側が「撮影→アドバイス→練習・実践」の流れの展開だけに固執しすぎてしまうと、子どもの意識が技の出来栄えだけにフォーカスされてしまい、多くの子どもが集まりすぎたり、施設用具の規模によって演技の待ち時間が増えたりして活動が停滞する恐れもあるため、「撮影→アドバイス」の部分を柔軟に対応する力が必要となります。

　また、アドバイスについては、ペアを組んだ仲間が「自分の感覚だけの人」や「伝える工夫が足りない人」だと、演技者の学習を支援するアドバイスを得られないことがあります。そのため、具体的にどの場面を見て欲しいのかという技のポイントについての知識や、撮影した映像をどのように活用してアドバイスをするのかというアドバイス側に対する教師の指導は重要となります。

5.　単元の特性における ICT 機器の効果的活用

　器械運動では、今までも自己の技能を確認するために仲間からの言葉によってアドバイスを受けることや、限られた台数のカメラ等を使って録画をして技の確認をしていました。しかし、1 人 1 台の機器を持っているからといって、必ず 1 人 1 台を使う必要はありません。機器の使い方についての選択肢が増え、有効な活用方法が増えることによって、授業の効率化を図ることができ、子どもたちの主体的な活動が展開できます。例えば、グループで 1 台の PC 担当を決めて仲間の動画を撮影し、見本としたい仲間の演技や自分の演技の動画を、各自の PC に送ってもらうこともできます。

図 1　振り返りレポート

　本校では、1 人 1 台の PC を効果的に活用するため、単元の終わりに録画した演技の動画を「振り返りレポート」として子ども全員にパワーポイントで作成させ提出させています。これは、自己評価として授業内でより良い演技をするための意識向上や課題解決に向けての振り返りにつながります。レポートに活動の動画を載せることで自己評価をより具体的なものにできると考えています。

6.　今後の ICT 利活用の可能性について

　1 人 1 台の ICT 機器を使わなければならないという「しばり」を持つと機器を使う条件が狭まってしまいます。本校でもこの「しばり」によって、うまく「使えない」という考えに陥る場面が多々ありました。しかし、PC を利活用する中で子どもに期待できる効果を柔軟に広げることによって、使い方は多岐に渡りました。本校でも授業場面によっては、PC の台数を限定して使用する授業や PC を使わない授業もあります。

　ICT 機器を使うためには教師側が機能の使い道について研修し、多くの先生方と授業での利活用について共有する必要があります。また、子どもについても様々な教科で ICT 機器を使いながら、機器に慣れていく必要があります。本校では 1 年生の初めに朝自習の時間を使いながら技術科の学習でキーボードを打つための練習をゲーム感覚で行ったり、国語科の授業内で新聞づくりを通してパワーポイントの使い方を学んだりと、各教科で子どもが PC を使う基礎を学びながら、「PC が生活の中に当たり前にある環境」をつくっています。今後も教科横断的な利活用をしながら、体育における有効な ICT 利活用場面を検討していきます。

第4節

1人1台のICT端末で全員参加の授業を目指す

流川鎌語 （和歌山大学教育学部附属中学校教諭）

1. 1人1台のPC（タブレット）をどう機能させるか

　「1人1台のPCやタブレットはなぜ必要なのか。」どう機能させるかを考える前に、まずそこを自分なりに整理してみます。そうすることで、1人1台の端末をどう機能させるべきかが見えてくるでしょう。

　GIGAスクール構想に向けた文部科学大臣メッセージの中に、「ICT環境の整備は手段であり目的ではない」、「多様な子どもたちを誰一人残すことのない公正に個別最適化された学びや創造性を育む学びに寄与するもの」と書かれています。私はこの「個別最適化された学びや創造性を育む学び」という言葉に注目しました。体育の授業では子どもが自らの学習への要求に役立つように、学習を調整したり、学びを管理したりする能力を育みたいと考えています。もっと具体的には、子どもが「何を、なぜ、どのように学ぶか」を自分で選んで決め、計画を立て、それを実行し、その結果を自分自身で評価できることです。しかし、それは自分の学習を一人で選び、決定して、一人で計画するのではありません。主体的な学びを実現するために、仲間と協力したり、ICT機器を活用したりするのです。学びの中心が子ども自身であることをより意識する手段として、1人1台の端末が必要なのではないでしょうか。

2. 実践の構想

　体育授業の中でICT機器の活用といえば、ゲームや練習の場面を撮影したり、お手本の動画を視聴したり、技能改善のために使用されることが多いと思います。実際、私もこれまでその目的で子どもにICT機器を使用させることが何度かありました。しかし、そのような使用方法だけなら、グループに1台あれば事足ります。1人1台の端末を機能させる授業展開を考えたときに、それだけでは何か物足りないと感じました。

　そこで、本実践では子どもの関心・意欲や思考力・判断力・表現力などを高められるICT機器の活用に取り組むことにしました。保健分野と体育分野それぞれで、ICT機器を機能的に働かせ、子どもが学習に主体的に取り組み、かつ協同的な学習になるよう授業づくりに取り組みました。

　保健分野では、「喫煙と健康」を題材に、タブレット端末を使用したジグソー法での学習を計画しました。「どうしてタバコはなくならないのか？」という中心課題を設定し、その課題解決の中で喫煙の健康や周りへの影響について知り、課題に対して自分なりの考えを見つけるというものです。ロイロノートにエキスパート資料を配置し、子どもはそれぞれタブレット端末でエキスパート資料を読み取ることで学習への意欲を高められると想定しています。また、授業の目標に照らし合わせて子どもが必要な情報を整理するなど、タブレット端末を自身の要求のもとに使用しながら、中心課題に対して探究していく姿が期待されます。

　体育分野では「バレーボール」の単元を計画しました。これまでは、単元ごとにポートフォリオ形式の手書き学習ノートを作成し、それをもとに学習を進めていました。今回は、テーマやめあての確認、学習計画の確認、ふり返りなど授業の中で行われるほとんどのことを、ロイロノートを使ってタブレット端末で行いました。子どもの思考を可視化することや、即座に共有化できることが予想され、それが協同的な学びのきっかけとなり、ICT機器が仲間とともに課題を解決する架け橋になることが理想です。

3.　実践の様子

3.1　保健での実践

　「喫煙と健康」の実践は、喫煙の心身や周りへの影響について考える時間と中心課題の「どうしてタバコはなくならないのか？」について考える時間の2時間で行いました。第1時では、ロイロノートを使って「タバコのイメージ」を出し合い、仲間のイメージを使用して、シンキングツールでそれらを分類する活動を行いました。本校では他教科の授業でもロイロノートを使用することが頻繁にあり、子どもは非常にスムーズに活動を進めました。仲間の考えを共有し、それをすぐに自己の学びに活用することができるので、授業にリズムが生まれ、子どもの意欲が継続していたように感じられました。

　第2時では、前時でまとめたものをもとに「どうしてタバコはなくならないのか？」という中心課題に取り組みました。ジグソー法を用い、エキスパート活動で資料を読み取り、さらに自己の要求に合わせインターネット上で調べ、ジグ

①臭い ②体に良くない 2020年8月27日 14:37	有害で臭いがキツい良くないもの 2020年8月27日 14:38	匂いが不快 2020年8月27日 14:38	体に悪い＋やめられない＋周りにも害がある＝最悪 2020年8月27日 14:38	体に悪い。吸っている人より周りの人への影響が大きい。 2020年8月27日 14:38	臭い 汚い 環境とか体に悪いイメージ 2020年8月27日 14:38	体に悪い乎 美味しくなさそう ただ吸うだけのもの 2020年8月27日 14:38
ニコチン 副流煙 たばこ税 2020年8月27日 14:38	体に悪い(特に肺) 臭い 2020年8月27日 14:38	①長生きできない ②体によくない ③肺が悪くなる ④イライラしてる人が吸う 2020年8月27日 14:38	体によくない 2020年8月27日 14:38	肺がボロボロになる 2020年8月27日 14:38	体に悪い。 2020年8月27日 14:38	・体に悪い ・周りに迷惑 2020年8月27日 14:38
・健康に悪いもの ・身体をどんどん壊していくもの ・歯が黄色くなる 2020年8月27日 14:38	煙がくさい、汚い 2020年8月27日 14:38	・体によくない(肺とかなどの臓器を悪くする) ・吸ってない人より早く死ぬ ・依存性がある 2020年8月27日 14:38	・体に悪くて、周りの人にも害がある。 ・臭い 2020年8月27日 14:38	・体に悪い ・煙がくさい 2020年8月27日 14:38	・依存する ・ヤンキーの食べ物 ・美味しくない ・肺に悪そう 2020年8月27日 14:38	①肺などに悪そう ②依存する ③臭い ④周りの人にも害がでる 2020年8月27日 14:39
・肺などに悪影響がある ・受動喫煙も良くない 2020年8月27日 14:39	①危ない ②寿命が縮む ③肺が痛む 2020年8月27日 14:39	臭い 2020年8月27日 14:39	体に悪そう 肺が黒くなってしまう 2020年8月27日 14:39	①体に良くない 肺が悪くなる ②臭い ③吸ってない人も影響を受ける ④無駄に高い ほとんど税金 ⑤自分はしたくない 2020年8月27日 14:39	良くない 体に悪い アイコスも 煙草と変わらないかな？ 2020年8月27日 14:39	・肺に悪い。 ・長生きができない。 ・息くさい ・体臭い。 ・やっぱセブンスター 2020年8月27日 14:40
タバコをやめられない人が多いすすめられて、ハマる人が多い 2020年8月27日 14:40	タバコに含まれる一酸化炭素が血液中の赤血球を攻撃することで酸素の濃度が薄くなり呼吸が苦しくなる 2020年8月27日 14:42　1/2	①寄りがほんまに無理 ②吸っていていことない ③え？使うとかアホなん？ ④(煙草吸う)信者 2020年8月27日 14:44	体に悪い乎 美味しくなさそう ただ吸うだけのもの 2020年8月27日 15:58　1/2	×	×	

図1　子どもが考えた「タバコのイメージ」

ソーグループでそれぞれが持ち寄った情報を共有することで課題の解決を促しました。子どもはグループ内で役割を決め、それぞれのタブレット端末からロイロノート上に配置された資料を簡単に入手し、読み取っていました。タブレット端末片手に紙のワークシートに必要な情報を抜き出し、さらに疑問に感じたことをインターネットで調べることで課題解決に向け探究している姿が見られました。周りが気付かないようなことや、自分の学びを紹介したいという気持ちが普段よりも強くなっているように感じました。ただ、自分のタイミングでいつでもインターネットから必要な情報にアクセスできるので、本来は仲間と考えを交流させる場面においても、タブレットで調べ学習を

図2　考えを共有する子どもたち

図3　自身の学びを発表する子ども

するなど、個人の要求を優先させる子どもの姿もありました。探究の姿勢は認めるべきことですが、個人主義的な雰囲気になってしまわないよう配慮する必要があります。ここで、「個別最適化された学習」と「個別の学習」の違いについて教師がしっかり認識しておくことが求められます。

3.2 バレーボールでの実践

「バレーボール」の実践では、これまで使用し
ていた紙の学習ノートに代わり、タブレット端末
でめあての確認やふり返りなどを行いました。今
回は、これまで体育授業で行われてきたゲームや
練習の様子を撮影するという ICT 機器の使い方に
ついては、あえてこちらから子どもに指示してい
ません。もちろん、技能を高めるための ICT 機器

図4　授業のホワイトボード

の活用は有効ではありますが、それよりも思考力や判断力を高める ICT 機器の
活用に焦点を当てました。授業ではあらかじめ配布されたテーマやめあてを見な
がら、リーダーを中心に学習を進めていきました。

　全体で共有するためにホワイトボードも活用しましたが、子どもは手元のタブ
レット端末とホワイトボードの両方を見ながら、学習内容の確認を行っていまし
た。ホワイトボードに提示された共有課題をもとに、それぞれが個人の課題を
設定し、授業はじめのグループの話し合い場面でそれを共有します。この場面で
は、子どもがロイロノートからグループメンバーの課題のみを抽出し、一画面に
表示されるように工夫していました。このように、個人の課題をグループ内で即

表1　バレーボールの単元計画

時	1 2	3 4 5	6 7 8 9	10
学習内容	①オリエンテーション ②基本技能を身に付けよう!	③基本技能を身に付けよう! ④基本技能を高めよう! ⑤スパイクを打とう!	⑥ポジションの役割を知ろう! ⑦チームの攻撃方法を考えよう! ⑧三段攻撃で得点を狙おう! ⑨守備の方法を考えよう!	⑩自分たちでトーナメント戦を運営しよう!
学習過程	学習Ⅰ	学習Ⅱ		学習Ⅲ
	学習のねらいを明確にし、見通しを立てながら学び方を理解する。	ねらい① 今持っている技能を生かしてゲームを楽しむ。 個人やチームの課題を掴む	ねらい② 高まった技能を生かし、相手に応じた作戦や練習を工夫してゲームを楽しむ。	まとめのゲーム 学習を振り返り、単元のまとめと評価を行う。
	オリエンテーション ・学習のねらいや進め方を理解する。	○めあて確認 ○準備運動 ○集合 あいさつ		
	・目標の確認	○チーム練習	○チーム練習	○ゲームⅢ トーナメント戦
	・授業の約束確認	(基本技能の習得)	(チーム戦術・応用技能)	・単元のまとめ
	・グルーピングと 役割分担の決定	○ゲームⅠ ハーフコート2対2・3対3	○ゲームⅡ ハーフコート 3対3	評価
	・試しのゲーム	○練習とゲームの反省	オールコート 6対6	
	・ふり返り	○ふり返り		
	・まとめ	○本時のまとめ あいさつ		

(学習過程の時間軸: 10, 20, 30, 40, 50)

座に共有できるので、自分だけでなく仲間の学びに気付くきっかけが増えたと思います。また、こちらから指示しなくても動画を撮影したり、動画共有サイトからお手本動画を視聴したりするなど技能面への働きかけも、子どもは自然と取り入れていました。毎授業の終末には、タブレット端末でふり返りを入力しましたが、3 分ほど

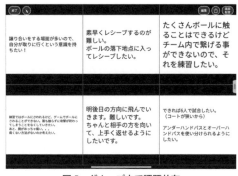

図5　グループ内で課題共有

の時間で平均して 150 字前後は入力できていました。子どもに話を聞くと、「手書きより入力する方が自分の考えがスラスラ出てくる」や「入力することで自分の考えを整理できる」といった意見が非常に多かったです。実際、手書きの学習ノートではほとんどふり返りを書けないような子どもが、タブレット端末での入力だとしっかりふり返りできました。また、運動が苦手な子どもには、自分ではうまく説明できないことも仲間のふり返りを見ることで共感を得て、自分の考えを整理することに役立ったようです。

　授業内では、基本的に子ども個人の課題やふり返りは匿名で共有するようにしました。その方が、子どもは周りを気にすることなく、ありのままの思いを表現

図6　授業終末の子どものふり返り

できるからです。ところが、ある授業の終わりに数名の子どもが私のところへ来て、「このふり返りを書いたのは誰か教えてもらえませんか？」と尋ねてきました。理由を聞くと、「自分と同じような課題を持っているので、練習方法や改善策を一緒に考えたい」と答えてくれました。このように、それぞれの思いをしっかりと表出させることで、子ども同士が自然とつながろうという雰囲気を形成できます。仲間と一緒に課題を解決する手助けをICT機器が担ったと捉えることができる場面でした。

4.　実践における成果と課題

　今回の実践を通して1人1台のタブレット端末を活用することでいくつかの成果を得ることができました。まず、ICT機器は自己の考えや気付きを表出する後押しをしてくれるという点です。前述したように、多くの子どもは文字を手書きするより、入力する方が文章を書きやすいと感じています。また、自分の考えがすぐ仲

図7　チームで課題を確認する子ども

間に共有されることも安心感につながっているのでしょう。運動が苦手な子どもやうまく自己を表出できない子どもも、仲間の意見を参考にしながらであれば自分なりの学びにたどり着くことができます。

　つぎに、ICT機器は即座に一人一人の学びの要求を支えてくれるという点です。課題解決に向け、自分に合った解決方法を選ぶことができます。実践の中でも、子どもそれぞれのアプローチで課題に迫る場面が見られました。しかし、ここで気を付けたいのは「個別の学び」が「個人の学び」になってしまわないことです。たしかにICT機器は個人の学びに寄り添ってくれますが、それだけで子どもが満足してしまう、個人の世界に入り込んでしまうことは危惧される点です。もちろん、自分でしっかりと考えたり、工夫したりすることは大事ですが、そこで学びを完結させない働きかけが必要だと思います。個別の学びを全体の学びにつなげ、仲間と一緒に課題解決することに意味を持たせた授業展開を教師が仕掛けることが求められます。

　最後に、記録や評価へのつながりです。これまでの手書き学習ノートを使用していた授業よりも、子どもの記録を残すのが格段に楽になりました。子どもも自身のふり返りや授業の記録をタブレット端末でいつでも見返すことができ、ポートフォリオとしての活用が期待できます。また、何度でもやり直しがきくという

面も ICT 機器の強みです。バレーボールの実践では、授業終末にふり返りを提出するようにしていました。その時点で全員が提出しますが、自宅から再提出をしてくるということがありました。自宅で仲間のふり返りを読む中で、自己の学びと照らし合わせ調整したと考えられます。これは、ある意味で子どもが自己評価し、学び直したと捉えられます。

5.　今後の活用可能性

　今回、1 人 1 台のタブレット端末での授業をする中で感じたことは、子どもは教師よりはるかに柔軟に ICT 機器を活用するということです。本校が早くからタブレット端末を導入していたという背景もありますが、それにしても子どもは ICT 機器に対する抵抗感が低いと考えられます。そこで大切にしたいのは、タブレット端末があるから使うのではなく、自己の学びを実現させるために使うという視点を子どもに持たせることではないでしょうか。実は保健の実践で、ある学級だけタブレット端末を活用せずに授業を進めました。可視化、共有化という点ではタブレット端末を活用した方がはるかに早かったですが、端末を活用しなかった学級でも、子ども同士が工夫して取り組んでいました。ICT 機器を介さないので子ども同士の物理的な距離が近くなり、みんなで学びに向かうという雰囲気は十分に味わうことができていたように思います。

　GIGA スクール構想により、1 人 1 台の端末を活用しての授業があたりまえになるにあたり、その機能的な面だけを捉えて活用法を探るのではなく、授業そのもののあり方を教師と子どもが再確認する必要があるのではないでしょうか。子どもが自己の学びを達成するために、ICT 機器を活用する方がよい場面とそうでない場面を判断することが、本当の意味で ICT 機器を機能させるということだと考えます。個別最適化され、創造性を育む教育の実現を目指し、今後も実践に取り組んでいきます。

第4章

海外の先進的な取り組み

遠隔体育における「発明ゲーム」の単元指導

Teng Tse Sheng
（Physical Education and Sports Teacher Academy, Ministry of Education, Singapore）

1. 体育における Inventing Games（IG）モデルの導入

　1970 年代から 1980 年代初頭の頃は、インターネットが登場する前の時代であり、子どもたちの時間のほとんどは外で遊ぶことに費やされていました。私の子ども時代は、裏庭で仲間たちと一緒に空き缶やボールや木の棒といった身の回りの物を使ったゲームづくりをしていました。私たちは話し合ってゲームのルールを考え、少しずつ改良しながら、自分たちが楽しいと感じるゲームを作っていきました。この自分たちのゲームを作り出す過程では、仲間同士が多くの対立を乗り越え（時には喧嘩になったことも…）、みんなで一緒に問題を解決することを学んでいきました。私たちは大きな楽しさを感じながら、同時に生きる力も学んでいたのです。

　私は体育教師として 20 年以上のキャリアがありますが、現在は「ゲーム教育（Game Education）」の開発も行っています。現在の教育では、社会的情緒学習（SEL）と 21 世紀に必要な能力（21CC）の育成がとても重要とされていますが、教育にゲームを取り入れることで、子どもたちに「良い人生を歩む準備」を促すことができます。ゲーム発明（Inventing Games: IG）モデル（Butler, 2016）は、その代表的な実践例と言えるでしょう。IG モデルでは、「学習のプロセス」がゲームそのものと同じくらい重要となります。子どもたちはゲームを発明する取組の過程で、仲間と相談し、話し合い、意見の対立を克服し、一連の問題解決に向けた学習活動を経験することによって、多くのことを学ぶことになります（Batler, 2016, p.2）。個人や集団での発問・議論・反省などに導かれながら、自分自身をより深く理解することとなるでしょう。ここでは、私が小学校 5 年生（11 歳）の学級に対してどのように IG モデルを単元に導入させたかについて解説します。「単元計画例」を参照しながら読んでいただけるとわかりやすいでしょう。

IG の単元計画例

回	ポイント	活動内容 （◆は教師による説明・かかわり、◇は子どもたちの活動）
O R	【オリエンテーション】 ○目標の設定 ○授業ルールの確認 ○各種説明 ・機器・ソフト使用方法 ・セキュリティなど	◆IGの形式、学習の意図、評価基準について教師が説明を行う。 ◆オンラインでの実施のため、各授業での決まり事の確認と単元の目標を設定する。 ◆全員がPadletへビデオ/写真やコメントをアップロードできるかを確認。必要であれば使用方法を詳しく説明。 ◆インターネットの安全な使用方法やエチケットについて短時間で説明を行う。 ◆第1〜3回目の授業において、子どもたちが何をする必要があるかについての説明を行う。
1	【チャレンジ性】 ・ターゲットゲームを理解する ・ルールを工夫してみる	[シャープシューター] ・ちぎった紙や丸めた靴下と、バスケット・バケツ・紙袋などを使用。 ・（基本ゲーム）ターゲットから3m離れて立ち、シュートして3回連続で成功を目指す。 ◆教師の発問「成功させるためにどのようにシュートできるか？」「他のゲームと何が似てますか？」など ・（発展ゲーム）ターゲットをテーブルの上などの場所に置き、座ってシュートする。 ◆教師の発問「どうすればもっと面白くなる？どんな工夫ができる？」など
2	【楽しさ】 ・みんなで競り合えるゲームに向けた改善 ※ゲームの様子や工夫したことなどは映像を撮影してSLSにアップロードする	[クリフハンガー] ・ちぎった紙や丸めた靴下とテーブルを使用。テーブルから30cmのところに線を引き、線とテーブルの端の間にボールを着地させる。テーブルから2m離れたところに立ち、ボールを投げて3回連続で着地成功させる。 ◆教師の発問「どう投げればうまくいく？」「投げ方の種類は？」「自分の投げ方を説明してみて」など ◇ゲームの「楽しさ」を1〜4の4段階で評価。評価理由も記述する。 ◆教師の発問「ゲームをより公平で楽しいものにするためにはどんな工夫ができる？」など ・難易度を変えたゲームの工夫。例：距離を長くする、利き手と逆の手を使う、着地エリアを小さくする　など ◆教師の発問「成功させるにはどんなことに気をつけましたか？」など ◇仲間と対戦してみる。ターゲットの近くに落とした方が勝ち。 ◆教師の発問「ルールの工夫して互角の勝負になるようにするには？」「3つの難易度を作ってみましょう」
3	【公平性】 ・みんなが公平に参加できるように考える ※映像をSLSにアップロードする	[デストロイヤー] ・トイレットペーパー6個またはティッシュ箱3個、丸めた靴下一つを使用。壁から50cm離れたところにトイレットペーパーやティッシュ箱などを重ねた塔を配置する。塔から5m離れた場所に立ち、靴下を投げて塔を破壊する。 ◆教師の発問「回転投げ、下投げ、上投げなど、どの方法が効果的？」 ◆教師の発問「どうすればゲームが難しくなる？3つの難易度を設定してみましょう」 ◆教師の関わり「誰かと対戦してみましょう」「公平な対戦にするには何ができる？」「公平になればゲームはもっと楽しくなる？」「そう思うのか理由はなに？」「ゲームが公正であることでどう思う？」など ◇楽しさ、公平性、チャレンジ性の3つの観点から、このゲームを評価する。理由も合わせて記述する。
4	【安全への配慮】 ・ゲームを発明する ※映像をSLSにアップロードする ※ルーブリックでゲームを評価する	[自分自身や仲間と一緒にプレイできるターゲットゲームを考える] ・靴下、新聞紙、広告、トイレットペーパー、紙袋、紙コップ・紙皿、バケツ、ペットボトルなど身近なものを使用 ◇創造性を発揮してオリジナルのゲームを考案する。 ◇一人用と複数人用のゲームを考える。ゲームには名前を付ける。ルールを書き出し、ゲームの行い方と得点方法を説明する。 ◆ゲームを行う時の「安全性」には十分に注意するように指示する。 ◇授業後には、成果と課題、問題発生の理由、楽しさの度合い、学習したことなどを振り返る。
5	【コミュニケーション】 ・意見の出し合いによるゲームの改善・洗練 ※映像をSLSにアップロードする ※ルーブリックでゲームを評価する	[バウンスイット] ・バウンドする小さなボールとバスケット（バッグ、バケツ、箱など）を使用。バスケットから3m離れたところに座り、ボールをバウンドさせて入れる。レベル1：ボールを1回バウンドさせて入れる。レベル2：ボールが2回バウンドさせて入れる。レベル3：ボールを3回バウンドさせて入れる。 ◆ゲームをプレイし、子どもたちにゲームを評価するように指示する。 ◇ゲームを工夫し仲間と紹介しあったり一緒にゲームをプレイしたり。ゲームを洗練させるための意見を出す。 ◇授業を振り返り、成果や課題、工夫した点、楽しかった理由、楽しさ・公平性・チャレンジ性・安全性などについて振り返りを行い、考えを学級内で交流する。
6	【共感】 ・最終的なゲームの改良大会の実施	◇考案したゲームを家族や身近な人とプレイしてみる。2つのバージョンを用意する。 ◇ルールと得点を決定する。楽しさ、公平性、チャレンジ性、安全性に配慮したルールを前提とする。 ◇対戦相手にゲームを評価するように依頼する。良いところを1つ、改善アイデアを1つ指摘してもらう。 ◇どちらのゲーム（バージョンAとバージョンB）も改良をして、両方のゲームの映像をオンラインで提出する。 ◇ゲームを振り返りコメントを投稿する。 ◆教師の発問「自分や対戦相手が失敗した時の反応は？」「仲間を笑ったりしませんでしたか？」「励まし合って成功させるためのアイデアを出し合いましたか？」「仲間との共感が大切な理由は？」など ◆教師は全員に、自分のゲームを学級全体で共有するように促す。
7	【チームでの協力】 ・グループでの意思決定と対立の解決	◇子どもたちを4〜5名のグループに振り分け、グループリーダーを指名する。 ◇ゲームを共有してチームで最も良いゲームを選ばせる。 ◇「楽しさ」「チャレンジ性」「公平性」「安全性」の4つの観点についてルーブリックを使用して評価を行う。 ◇自分たちのゲームをさらに良くするために話し合いを行う。改良版をアップロードする。 ◆教師の発問「グループでどうやって決めました？」「グループではみんなの意見が聞いてもらえましたか？」「すべての意見について話し合い、それぞれが尊重されましたか？」「意見の違いはありましたか？もし違いがあった場合はどのようにして解決しましたか？」「チームに積極的に貢献しましたか？」など
8	【チーム活動・コミュニケーション】 ・他のグループ作成のゲームを学ぶ	◇他のグループが作成したゲームをプレイして評価を行う。「このゲームの好きなところは何？」「ゲームを改善するための新たなアイデアは？」 ◆グループの意見として出すように指示する。whatsappチャットグループを作成してオンラインで議論させる。 ◆教師の発問「コミュニケーションは必要だと思う？」「良いコミュニケーションには何が大切？」「うまくコミュニケーションできたかな？」「自分が貢献できたことは何？」など。
9	【責任感】 ・他グループのゲームから責任感を学ぶ	◇すべてのゲーム（両バージョンとも）についてルーブリックを用いて評価を行う。また、次の質問に回答する。 1．あなたがそのゲームの好きなところは何ですか 2．ゲームを改善するために一つ提案できることは何ですか？ 3．あなたはチームに積極的に責任しましたか？ 4．あなたは何がうまくできましたか？また、あなたがもっと改善できた部分はどこですか？ 5．あなたが褒めたいチームメンバーをひとり挙げるとすれば誰ですか？　その理由は何ですか？
10	【まとめと振り返り】	◆教師は、授業前に教師が得点と意見をまとめてグループリーダーに送信しておく。得点上位3つのグループは、ゲームをさらに改善し、第9時間目の最後の対戦のために教師に創作したゲームを提出する。 ◇自分たちが作成したゲームと上位3つのゲームの類似点を検討する。 ◇単元全体を振り返り成果と課題について記述する。

2.　リモートでの IG 単元の指導

　2020 年 4 月、COVID-19 によるパンデミックにより、全世界的に学校が閉鎖されることとなってしまいました。シンガポールの教師たちは、オンラインツールを活用して学習機会の提供を続けてきましたが、体育については、1）ペアやグループでの活動や運動ができない、2）集合住宅に住んでいる子どもが多く運動のためのスペースが十分ではない、3）ほとんどの子どもたちは運動に必要な用具（ボール、ラケットなど）を持っていない、自宅内で運動する際の安全確保が難しい、といった課題がありました。

　これらへの対策として、個人やグループで「発明ゲーム（IG)」授業が有効です。例えば、ターゲットゲームは子どもたちが自宅で一人でも実施することができますし、その他の既存のゲームと比較して安全に行うことができます。自分で用具を作ったり、自宅で見つけた物を利用して発明ゲームの道具として使用したりできますので実施が容易です。今回はシンガポールで私たちが実践したオンライン体育授業での IG について紹介します。授業で使用する素材はシンガポールの学校に導入されている Student Learning Space（LMS）を通じて子どもたちに提供しました。教師たちは、Google Classroom といった他の LMS も活用して授業を展開します。また、Padlet というオンラインプラットフォームを使用して、子どもたちが成果物をアップロードしたりコメントを投稿したりします。子どもたちはお互いの成果物についての感想を評価し合ったりすることで、発明ゲームを改善していく取組を行います。この IG 単元では、リアルタイムとオンデマンドのハイブリッドで実施します。単元全体の学習内容は系統性を考慮しつつ、子どもたちのニーズや状況に合わせてリアルタイムの実施とオンデマンドでの実施を調整していきます。

〈授業の構成（全 10 回）〉

　オリエンテーション（リアルタイム）：単元前のオリエンテーションでは子どもたちが IG という単元の目標を明確にします。子どもたちが IG 単元の目標と評価基準をしっかり認識することで、学習内容に集中することができるようになります。また、子どもたちが使用するデジタルツール（Padlet、Google Classroom など）の使い方について確認します。もし機器の使い方が分からない子どもが多くいるようであれば、説明映像を Padlet にアップロードすることも必要になるでしょう。さらに、子どもたちは初めて遠隔授業になりますので、教師はオンライン上での参加のルールや、オンライン授業の安全性についてもしっかり確認しましょう。

第１〜３回目・基本のゲーム（オンデマンド）：単元序盤はターゲットゲームで楽しみます。授業では、「楽しさ」「チャレンジ性」「公平性」という IG の３つの理念をしっかりと説明します。ここでは基本ゲーム（シャープシューター、クリフハンガー、デストロイヤー）について、子どもたちにゲームの主なルールやコンセプトを説明します。子どもたちが自分の出来栄えについて振り返られるように、教師は積極的に発問を行います（どうやってやったの？　どう思ったかな？　どんな工夫をしたのかな？）。子どもたちが主体的な学習を進めることは、より自律した学習者となるのに役立つだけでなく、課題解決のための適切な課題設定を行う理解にもつながります。

　３つの基本ゲームを理解することは、実際にゲームづくりを行う場面で役立ちます。ゲームをより楽しめるようにすること、ゲームが公平になるように設定すること、やりがいのあるものにすること、などについての理解にはこの３回の授業がベースとなるでしょう。

第４〜５回目・IG と改良（リアルタイム＋オンデマンド）：この回では、個人での IG 作業が中心です。使用可能な機器については、教師が一覧にして提示しましょう。子どもたちには、IG にあたって２つのポイントを伝えます。１つ目は、「一人でプレイすることができる」です。２つ目は「他の誰かと一緒にプレイできる」です。また、ゲームを分かりやすくするために、主なルールを３つ、安全確保のためのルールを１つ、それぞれ設定するように指示します。遠隔の授業では教師が現場を確認できませんので、子どもたちがゲームを考えて実施する時には、安全を確保するようにしっかり指示しましょう。

　４回目の授業では、子どもたちはゲームを考案したら Padlet にアップロードして、仲間や教師からコメントをしてもらいます。少なくとも３人の友達から意見をもらい、そのゲームについて良いところと改善できるところについて意見をもらいます。その後、投稿された意見を元にして、子どもたちはゲームに改良を加えていきます。

　第５回目の授業では、ゲームを友達や家族にゲームを試してもらいましょう。ゲームをプレイした友達や家族は、そのゲームについて「楽しさ」「チャレンジ性」「公平性」の３つの要素について、簡単なルーブリックによる評価やアドバイスを記入します。子どもたちは他者からの意見を考慮しながらゲームの構成を修正して、改良版を Padlet にアップロードします。そして、再び評価とコメントをもらいます。この段階ではまだ個々の作業が中心的ですが、徐々に学習は友達との協調的な形式になっていきます。子どもたちは友達や家族と意見交換を行う中で、冷静

に他者の意見を受け入れることや、他者に対して自分の意見を誤解なく伝える方法を学びます。

第6・7回目・共感性を育み、協働を学ぶ（オンデマンド＋リアルタイム）：「ゲームをつくる」という活動によって、子どもたちは試行と検証という学習過程を経験します。ゲームを作成し改良する中で、創造性や批判的思考スキルを発揮しながら思考力を伸ばしていきます。

第6回目の授業のポイントは「他者との共感」です。子どもたちは、競争の意味や競争相手との関係性について学びます。自分の気持ちに向き合い、他者の気持ちを尊重することで、子どもたちは大切な「生きる力」を身につける機会となるでしょう。

第7回目の授業は、Google Meet（またはZoomなど）を活用してリアルタイムで行います。子どもたちが楽しんでいるか、課題を把握しているか、学習が問題なく進んでいるか、について教師はしっかり確認しましょう。この授業は4人一組のグループで行います。子どもたちはチームとして課題に取り組み、グループの中でIGについて話し合いながら、「楽しさ」「公平性」「チャレンジ性」のそれぞれの基準を考え、ゲームをさらに洗練させることとなります。仲間と共同作業する場面というのは、対立や意見の不一致が起こります。単元後の調査では、多くの子どもたちがIG授業で仲間との関係での小さな葛藤があったと答えています。この授業は仲間と協働した取組について学ぶ機会として位置づけられます。

第8・9回目・コミュニケーションと協働学習（リアルタイム）：第7回目の授業後に、課題の一部として以下の3つの質問を用意しておきます。子どもたちはこれらの質問に答えることで振り返りとして記録されます。

1) あなたのグループはどのように決定をしましたか？　みんなの意見は聞いてもらえましたか？　すべての意見について考えてそれぞれが尊重されましたか？

2) 意見の違いはありましたか？　はいの場合、グループはどのようにして意見の不一致を乗り越えましたか？

3) あなたはチームに積極的に協力しましたか？　何がうまくいきましたか？　また、さらに改善できると思うことは何ですか？

子どもたちはこれらの質問に答えることで、自分が果たす役割や解決のための方法を理解していきます。第8回目の授業では、コミュニケーションの仕方や良いコミュニケーションを成立させるためのポイントについて振り返りを行います。教師はZoomを通じてグループに振り返りの指示をしながら、子ども同士で意見がぶつかる原因について考えるように促します。グループがチームとしてうまく機能して

いる場合には、そのグループはしっかり協働できた原因を他の子どもたちにも伝えるように促しましょう。

　第 8 回と第 9 回の授業では、子どもたちはオンライン上で自分たちが作成したゲームを学級全体に発表します。子どもたちはお互いに、「楽しさ」「公平性」「チャレンジ性」の 3 つの要素について、簡単なルーブリックに基づいて評価を行います（Google フォームを使用）。教師はグループのプレゼンテーションの出来栄えも評価に加えます。全グループの発表を 2 時間で行います。すべてのグループが発表した後、教師は合計スコアを算出して上位 3 位までのグループを決定します。この 3 グループは 10 回目の授業でもう一度ゲームを紹介することができます。最後の発表に向けて、それまでのクラスメートたちの意見を取り入れた修正を行います。

第 10 回目・振り返りと授賞式（リアルタイム）：最後に勝ち抜いた 3 グループがゲームを Padlet で共有します。子どもたちは評価・投票を行い、コメントも書き込みます。最終的な優勝チームは決めますが、もちろん全チームが IG の勝者として表彰されます。最後はすべてのゲームやコメントが統合されて、全体のまとめとなります。教師は単元の学習全体を振り返り、全グループの努力について簡単な「授賞式」を開催して学級全体を褒めてあげましょう。

3.　IG 単元の重要ポイント

　まず、身体活動量についての理解が必要です。リモートでの IG 単元は SEL や 21CC に基づいたディスカッションや振り返りに多くの時間を費やします。そのため、身体活動量が少ないことに戸惑う子どもがいるかもしれません。運動することを楽しみにしている子どもたちには、この形式の授業に慣れてもらうのに時間が必要です。ゆっくり時間をかけて IG を体験してもらうことが大切です。

　次に、IG 単元では、「自主的活動」「協働学習」が重要なテーマとなります。子どもたちが自主的に学習を進められるようであれば、教師はグループの間を移動しながら話し合いを促したり別の問題に対処したりすることができます。自主性を持った学習を進めることは、教師が子どもたちに伝えるべき学習の姿の一つです。また、IG 単元ではチームとして一緒に働くことを学びます。子どもたちが議論するときには対立が起こることがよくあります。子どもたちは意見の相違を乗り越えて、チームとして問題を解決し、チームのメンバーとして協力し、各個人の強みを活用することを学ぶ機会が、IG の単元には意図的に盛り込まれています。自主的に学習に向かうのと同じように、協働して学習することは容易なことではありません。子どもたちは間違うことを通して学ぶ機会を与えられることが大切です。

4.　忍耐強く、柔軟に、そして体験を楽しむ

　IG 授業では、子どもたち同士での対立をコントロールするために、教師が介入しなければならない場面が想定されます。一部のグループの進行だけが遅く、チームがうまく連携せずに期待したほどの成果が得られないこともあるでしょう。教師はこれらの「挫折」によって子どもの学習がうまく進まず、教師自身の責任でうまくいかなかったと感じるかもしれません。しかし、子どもたちが対立を解決する方法の習得やチームで協働することを学ぶための近道はありません。このようなプロセスを省略するのは良い選択ではありません。IG を実践する教師は、忍耐強く、自制心を持つことが必要です。チームワークやコミュニケーションの成立、子ども相互の関係性の確立などに関しては、すぐに身につくことではないため、教師は辛抱強く待ちましょう。授業の進行を子どもたちのペースに合わせてあげることで、教師と子どもたちのどちらにとってもより楽しく有意義な単元となります。「学習コンテンツの保持だけでなく、学習者の理解する力を高める」場合には、多くの時間がかかります（Butler, 2016, p.13）。

5.　新しい試みの重要性

　本節では、IG 単元モデルを紹介しました。IG の授業では、子どもたちはゲームを検討・作成・調整し、ルールの設定や攻撃・防御のための知識を働かせることで、より深い概念理解を獲得することでしょう。IG 学習プロセスを通して、ゲームを行うことについての理解を深め、さらにゲームの環境やルールの変更に適応していきます。

　新しい試みである IG 授業には失敗もあるでしょう。しかし、失敗がなければイノベーションや創造性の高まりはないとよく言われます。教育に新しい視点を加える時に、私たちはきっと失敗をすることでしょう。私たちは失敗を経験することで、その後にはより賢くなり強くなります。IG の旅は順調に進んでいかないでしょう。教師たちが自分の失敗と成功を振り返り、他の教師たちと情報を共有していくことで、教育界全体の大きな助けになります。最初の一歩を踏み出して、ぜひ旅を楽しんでください。

【Reference】

Butler, J. (2016). Playing Fair: Using student-invented games to prevent bullying, teach democracy, and promote social justice (Champaign, IL, Human Kinetics).

Jewett, B.L., & Ennis, C. (1995). The curriculum process in physical education. Madison, IA: Brown and Benchmark.

体育の学習成果を高めるテクノロジーの活用

Mark Foellmer and Becky Foellmerr
(Creator of cbhpe.org https://www.cbhpe.org)

1. テクノロジーの活用による生活や学習の変化

　子どもたちが学校や家庭で簡単にテクノロジーを活用できるようになることで、教師たちは子どもたちの学習を促進する機会（そして義務）を得ることとなります。テクノロジーを使用することで、体育授業の時間以外にも学校内での活動時間を増やすことができます。また、テクノロジーの活用によって、放課後や休みの日にも子どもたちが運動に親しむ方法についての情報を発信することが可能となります。このことは、子どもたちが学校生活の中だけではなく、自分の生活の一部として運動を捉えるきっかけとなるでしょう。テクノロジーの活用は、活動のアイデアや情報を子どもたちの家族とも共有することができます。人と人を繋ぎ、人間関係を築き、生涯を通して健康で活動的な生活を送ることを実現するための大きなチャンスとなるでしょう。また、私たち体育授業を担当する教師という職業の重要性についてもさらに明確にしてくれるものであると考えます。

　本節では、オンラインでの体育の学習成果を高めるテクノロジーについて、アプリや活用方法の紹介をしていきます。

2. 体育授業での GIF 動画の活用

　GIF（Graphics Interchange Forma）は繰り返し映像を表示できるファイル形式です。GIF で動画を用意することで、子どもたちは運動技能習得のために何度も動画を確認することができます。授業導入部では GIF 映像で運動の見本を子どもたちに提示することもできますし、自動で再生しておくことで子どもたちが運動の様子を常に確認できるようにしておくことも可能です。実際のところ、見本を 1・2 回だけ見てすぐにできる子どもは少なく、多くは繰り返し見て確認することで技能を理解できるようになっていきます。

　図1は、教師たちがカニ
歩きとクマ歩きをしている
GIF動画です。子どもたち
はどのように身体を動かせ
ばよいか理解できるまで繰
り返し確認ことができま
す。GIFを利用することで

図1　カニ歩きとクマ歩きのGIF動画
（Derrick Biehl先生・Jason Denk先生からの提供）

教師自身の身体的負担が少なくなるということも大きなポイントです。体育担当の
教師たちは自分自身で運動を演示することによって身体に多大な負担となります。
デモの回数を減らすことによって、教師たちは身体的な負担を軽減することができ
るでしょう。私は体育を担当する教師向けに講演や講習を行いながら全国を旅して
いた時に、多くの教師たちが腰や膝の手術を受けていること、加齢による背中の怪
我が多いことに驚かされました。GIFを利用することで、教師の健康面でも効果を
もたらす可能性があります。

3.　プロジェクターの活用

　プロジェクターは、体育授業を担当する教師たちにとって最も重要なツールの1
つとなっています。授業開始時に壁やスクリーンに映像を映し出すことで、子ども
たちに体育館に入ってすぐにウォームアップや運動を始めるように促すことができ
ます。このことにより、教師は子どもたちの前で準備運動を実演する必要がなくな
り、授業準備を行う余裕ができます。教師は用具準備が終われば、子どもたちの側
にいって、一人一人への細やかな関わりを持つこともできます。子どもたちと会話
する時間が増え、教師－子ども相互の関係を築く機会にもなるでしょう。

　図2はウォーミングアッ
プの例示をプロジェクター
で示した例です。動物の動
きの映像を複数のプロジェ
クターで体育館のスクリー
ンや壁に映し出しています。
体育館に来て子どもた
ちはすぐに活動を選択し、
映像で行い方を確認しなが
ら運動を始めます。実際的

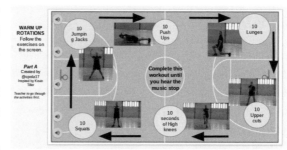

図2　プロジェクター映像によるウォーミングアップの促し
（Christina Polatajko先生からの提供）

図3　デジタルホワイトボードの活用による学びの場の整備
（Patrick Stiner 先生・Julie Hudnall 先生からの提供）

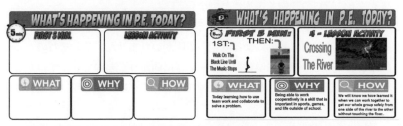

図4　デジタルホワイトボードの活用による授業の説明（Bob Vogt 先生からの提供）

に、プロジェクターによって2人目の教師が登場したことになります。

　また、図3・図4に示したように、保存、編集、再利用が可能なデジタルホワイトボードを活用することで学びの場を整えることも可能です。

4.　ステーション型・小グループ型による運動学習

　デバイスを1人1台の使用としたり、小グループで1台の使用としたりすることで、子どもたちそれぞれが自分のペースで学習することができるようになります。1人1台での使用では、子ども一人一人が主体的な学習に取り組む機会の提供となります。また、小グループで1台を使用する場合は、子どもたちが仲間と協力して運動技能習得に向かい、共通の課題を解決しようとすることで、社会的・情緒的な学習スキルを育む機会ともなるでしょう。さらに、テクノロジーの使用は、「ステーションワーク」に大きな影響を与える可能性があります。ひとつひとつの活動ステーションで子どもたちに何をするのかについて、デバイスを使用して各ステーションの内容を全員で共有することもできます。子どもたちは何を期待されているかがすぐに理解できるようになりますし、自分で確認することも可能となります。このような効率化によって、子どもたちはすぐに活動を開始することができるようになります。教師による長い説明時間がなくなり、貴重な運動時間を確保することにつながるでしょう。

　図5は各ワークステーションでの活動の
例を示しています。子どもたちはそれぞれ
のワークステーションで映像を見ながら活
動内容を理解し、自分たちで考えながら実
施しています。

　同様の方法で、グループチャレンジにも
応用できます。教師は子どもたちが使用す
るデバイス上に資料や映像を送ることで全

図5　ワークステーションでの活動例
（Julie Hudnall 先生からの提供）

体での課題共有が可能となります。それぞれのグループでは、すぐに活動に取り掛
かることができるため、教師による課題の説明がいりません。それぞれのグループ
では自分のペースで自律的に学習を進め、学びに向かうことができます。もし個人
／グループでの課題が達成されれば、教師を呼んですぐに評価を受けることも可能
となります。

　繰り返しになりますが、このようなデバイスの使用によって、教師による各ス
テーションでの活動内容についての説明時間や、子どもたちに課題を理解してもら
うための指導時間を大幅に減らすことができます。この時間を活用して、教師は体
育館の中を廻りながら子ども一人一人への丁寧な関わりを持つことができるように
なります。また、子どもたちは必要に応じて映像による指示や目標を何度も確認す
る機会を持つことができます。

図6　教師から各ワークステーションに送られた課題
（Carl Meister 先生・Ben Landers 先生からの提供）

5.　学習の拡張性

　テクノロジーの活用では、学習を拡張するための多くの機会を得ることにもなり
ます。子どもたちに指導のチャンスを「授業中」の時間だけに限定する必要がなく
なります。教師は、子どもたちが学校外でも主体的に、そして家族と一緒に運動学
習を行い、様々な体験をする機会を提供することができます。子どもとその家族に

とって長期的なメリットをもたらすことにもなるでしょう。例えば、天候が悪くて家族一緒に屋外の活動ができないということもあるでしょう。家の中の限られたスペースで、自宅にある身近な物を使って行うことができるアクティビティを提供することが可能になります。

6.　反転学習・反転授業の実施

　テクノロジーを活用することによって、反転学習や反転授業として子どもたちに翌日の授業内容の事前学習や準備をさせることも容易になります。体育の反転学習では、子どもたちはビデオや GIF 動画を使用して次の授業で何をするかを学ぶことが可能です。子どもたちは授業の目標を確認し、取り組む運動技能と挑戦する課題について予め認識できます。それぞれのレベルにある子どもたちに合った指導や説明を提供したりすることもできるでしょう。反転授業によって、その後の学習のレベルが向上したり、場合によっては子どもたちがより快適に学習に参加できるようになったりします。反転授業の一環として、フォローアップの質問をしたり、小さなアセスメントを行うことによって、それぞれの子どもの理解度を判断したりすることもできます。教師は授業前に子どもたちからの回答を確認することで授業中にどのような課題意識が必要かを特定したり、理解の不足があるかもしれない子どもたちへ注意を向けたりすることができるようになります。教師は、特別な配慮が必要な子どもへの手当がすぐにできるようになりますし、逆に学習が進んでいる子どもや運動が得意な子どもに発展課題を提示することもできます。子どもたちが事前に授業の内容に触れることができるようになることで、教師は授業中で自分の指導内容を調整したり変更したりできるようになります。さらに、授業中の直接的な指導時間が短縮されることで、子どもたちの活動時間を長く確保することができるようになるでしょう。

7.　評価での活用

　テクノロジーの活用によって、子どもたちの評価（アセスメント）の方法にも可能性が広がります。一つの例として、最近では利用されることが多い Googleフォームを使用した効率のよい評価の方法などがあります。Google フォームは、思考についての評価、技能についての評価、社会性や情緒など様々な項目について容易に評価を行い取りまとめることができます。授業の中で総括的または形成的授業評価といった調査をしなくても、教師にとって簡単に自身の授業を振り返ることができるでしょう。さらに、教師は授業で使用したスライド資料や説明文書が有効

だったかどうかを確かめるためにも使用することができます。他にも、子どもたちの活動をデータで取りまとめて結果を提示することで、学習がどのように進んできたかを確認させることもできます。テクノロジーを適切に活用することで、子どもたちには即時的で意義のあるフィードバックを提供することが可能となり、教師自身にとっても振り返りのための有益な情報を得る機会となるでしょう。

8.　リソースの共有について

　急激に変化する世の中において、子どもたちにとって魅力的で、刺激的で、やる気を起こさせるテクノロジーがすでに身近なものとなっています。体育授業でテクノロジーを活用することで、子どもたちの学習を促進させることが可能になっています。私たちのグループはこの数年間、体育授業を担当する教師がテクノロジーを最大限に活用できるようなリソースを集めて整理してきました。当社のウェブサイト cbhpe.org にアクセスしていただければ、あらゆるリソースをご利用いただけます。これらのリソースは、実際の授業で有効性が検証された確かな内容となっています。これらを考案した素晴らしい体育授業のプロたちが寛大にも広く共有しています。利用者はこの素材については各自でコピーしたり、編集したりすることも可能ですので、ぜひあなたの授業でも活用してください！

9.　私たちについて

　Becky と Mark はそれぞれ体育学士・体育修士です。Becky は数学の学位もあり、中学校レベル（6〜8年生）で数学とコンピューターを担当していました。また、イリノイ州の学区に技術サポートの提供も行っていました。Mark は中学校レベル（6〜8年生）で体育授業を担当の経験があり、イリノイ州のティーチャー・オブ・ザ・イヤーおよび SHAPE アメリカの中西部地区ティーチャー・オブ・ザ・イヤーとして認定されました。最近では、Mark がイリノイ州健康・体育・レクリエーション・ダンス協会の会長を務めており、どちらも州および全国レベルで指導的役割を果たしています。Becky と Mark は、ウェブサイト「cbhpe.org」の共同作成者です。CBHPE は、世界中の保健体育教師による、保健体育授業の教師向け無料リソースの集まりです。ウェブサイトには、授業計画のアイデア、ヒント、何千もの GIF、コピーや編集が可能なテンプレート、子どもたちの運動を引き出すためのプロジェクターファイルなどがあります。また、評価のためのツール、ハイパーテキストライブラリ、Google スライドファイル内で利用できる双方向的なビデオリソースのライブラリなどもあります。

デジタル世界における
学習者中心の体育の授業づくり

Misti Neutzling（Bridgewater State University）
Robert Tatro（Sunita L. Williams Elementary School）

1. 子どもたちが中心となる体育学習の実践

　学習促進のために体育授業にテクノロジーを導入することはもはや特別なことではなく、むしろ学習過程に不可欠なことと見なされています。今日では、テクノロジーは子どもたちの日常生活において不可欠であり、重要な役割を果たすようになっています。テクノロジーによって、子どもたちの思考が引き出され、判断することを促され、深く考える機会となります。学校がデジタル化されていくにつれて、体育館内にもタブレット PC、スマートデバイス、カメラ、プロジェクター、スクリーンが設置されるようになってきました。本節では、米国の教師たちが体育授業に様々なテクノロジーを導入して子どもたちのモチベーションを高め、批判的思考と問題解決のスキルを促進し、技能習得にもつながる方法について紹介します。ここで紹介する事例では、学習プロセスの中心に子どもたちを置いています。この節では、体育教師がデータ収集、データ分析、教室管理、動機付けのためのビデオプラットフォームとゲーム化をどのように行ったかについて紹介したいと思います。

2. 見本映像との比較

　図 1 は、iPad を使用してバレーボールのアンダーハンドパスの映像を録画する 5 年生の 3 人組の様子です。映像を確認することで子どもたちは動き様子を確認することができます。この 3 人の子どもたちは、撮影する子ども、ボールを投げる子ども、パスを行う子どもと、それぞれの役割分担をしてい

図1　アンダーハンドパスの練習を撮影している様子

ます。映像は連続撮影ではなく、1回ごとの動きを別々の映像として記録しています。3～4回繰り返したらそれぞれの役割を交替します。子どもたちがすべての役割を終えたら、それぞれが一番うまくできた動きの映像を一つ選択します。そして、iPadの「Coach's Eye」アプリ内のVSモードを使用して、見本の動きと比較します（図2）。子どもたちはアプリを使用して、見本映像でのボールが腕に当たる瞬間を見つけます。その後、自分たちの映像でも同様にボールが腕に当たるところを探します。これら2つの映像を「ロック」することで2つのビデオ映像を同期させながら

図2　見本の映像

再生することができます。2つの映像で腕にボールが当たる瞬間を固定しているので、その前後の技能を比較しやすくなります。子どもたちは見本と見比べながら動きを確認し、教師が「Googleフォーム」に用意した形式に沿って振り返りを行います。

3. リアルタイムでのデータ収集と結果の表示

テクノロジーを活用することで、体育授業のリアルタイムでの情報収集やデータの集計が可能となります。図3はキャッチボールの場面でGoogleフォームを使用してのデータを収集している様子です。ここでは、ふたりが向かい合ってキャッチボールしているところを、もう一人がキャッチの成功／不成功についてGoogleフォームの評価シート（図4）に記録していきます。

ボールがキャッチ可能なエリア内に投げられた時、観察者はボールがキャッチされたかどうかをGoogleフォームの評価シートに記録していきます。ボールが

図3　Googleフォームを使用してのデータを収集している様子

図4　Googleフォームの評価シート

キャッチ可能ではな
かった場合はカウン
トしません。10回
のキャッチの成功／
不成功を記録した、
子どもたちは役割を
交替します。データ
は蓄積されて、結果
を随時確認すること

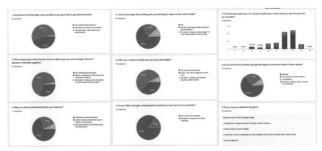

図5　キャッチの成功率についての結果表示

が可能です。図5はキャッチの成功率についての結果を表示したものです。教師は
うまくできていない子どもを見つけることができるので、すぐにサポートに入るこ
とが可能になります。また、最終的にはこのデータをもとにして教師が子どもたち
一人ひとりに合わせたフィードバックを提供できるようになります。

4.　映像の遅延再生による動きの確認

　図6は「バム・ビデオ・ディレイ」と
呼ばれるアプリを使用して、自分のボー
ル投げの動きを確認している4年生の写
真です。このアプリでは録画した映像を
スロー再生や遅延再生することによっ
て、子どもたちが自分の動きをより注意
深く確認することができるようになりま
す。この例では、子どもはオーバース

図6　遅延映像を確認している様子

ローでボールを投げた後にiPadの前に行き、その後に遅延された映像が流れて自
分の動きを確認します。オーバーハンドスローの技能では、多くの初心者が投動作
の際に自分の体の横側をターゲットに向けて上体を旋回させるように投げる、とい
うことに気付づけないという問題がよく起こります。子どもたちは正面を向いて
オーバースローをしようとして胴体の回転力が不足し、投動作で必要なパワーを発
揮することが難しくなります。言葉でこれらを子どもたちに説明することが難しい
ですが、子どもたち自身が映像で確認すると情報ははるかに簡単に理解されます。
このアプリのメリットの1つは、視覚的なフィードバックがすぐに得られることで
す。子どもたちは、動きがしっかりできているかどうかをすばやく確認することが
できます。これは、子どもたちの主体的な学習を引き出す効果もあるでしょう。

5.　ランダムなグループ分け

　図 7 は、「Team Shake」 と呼ばれるアプリを使用して子どもたちをグループに振り分けた様子です。このアプリは簡単に子どもたちをグループやペアとしてランダムに配置する機能があります。名簿の Excel ファイルからアプリに簡単に読込ができ、特定の子どもたちのみをグ

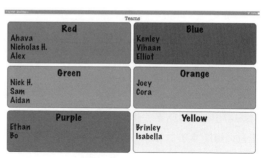

図 7　「Team Shake」によるグループ分け

ループに割り当てるといったことも可能です。教師がプロジェクターでスクリーンにこの画面を表示することで、子どもたちはペアやグループをすぐに確認することなどもできます。さらに、このアプリには他にも授業で有効な機能があります。例えば、アプリでは各グループに色を割り当てることもできます。これは、体育館で使用される機器（例えば、コーンや床のラインなど）と組み合わせると、子どもたちは位置を把握しやすくなり、教師は説明の時間を短縮できます。「Team Shake」では、グループ編成での「ランダム性」が確保されていますので、子どもたちには公平性を確認させるのに役立ちます。他にも、技能レベルによるグループ分けや、技能レベルに応じてグループを均等に分散させることなどもできます。さらに、運動が苦手な子どもたちをグループ化して配慮しやすくすることもできます。

6.　効果的な時間の管理

　図 8 は、短時間高強度インターバル運動であるタバタトレーニングに対応したタイマーアプリ「Tabata Pro」 の画面です。このようなアプリでは時間や空間のコントロールというだけでなく、工夫次第でより創造的かつ効果的に使用することができます。図 9 はパドルを使ってボールを打つ練習をしている 4 年生の子どもたちの様子です。前時ではフォアハンドとバック

図 8　「Tabata Pro」による時間管理

ハンドでの打ち方の練習でしたが、本時はこれらの打ち方を使ってラリーを続けるということが課題でした。教師は本時での練習で時間とスペースを効果的にコントロールするために、アプリを使用して活動する内容とパートナーを自動的に切り替

えられるようにタイマーを設定しました。「Tabata Pro」では2分間の「ワークアウト」を設定することができます。つまり、子どもたちは2分間、相手とのラリーを続けようとします。また、ワークアウトセクションで音楽を追加できるため、子どもたちにとっては授業がより活発になっています。教師は2分間のワークアウトの後に、20

図9　パドルでボールを打っている様子

秒間の「休憩」を設定しました。この20秒間に子どもたちはパートナーを交替します。授業の中でパートナーの入れ替えがうまくいかずに時間がかかってしまうこともあります。この20秒の間で体育館の内側にいる子どもたちはネット間を時計回りに移動し、外側にいる子どもたちはその場に留まるというルールをあらかじめ決めておくことで、スムーズなパートナー交替が行われました。教師の効率的な時間・場所の管理によって、子どもたちは活動内容とパートナー交替の流れに慣れ、最終的に主体的にこれらを行うことができるようになりました。アプリが時間を管理し、子どもたちが移動の仕方を把握することで、教師は体育館全体を自由に移動しながら、一人一人に声かけを行うことができるようになります。教師はいつでもタイマーを一時停止して、「ラリーを維持するのに役立つと感じていることは何ですか？」「ラリーが続かない時はどんなことがうまくいっていないのかな？」「自分とパートナーがラリーを続けられるようになるためには、どんなことに注意することが必要かな？」といった子どもへの発問をすることも可能です。子どもたちはこのアプリの支援を受けて、時間や空間を自分たちでコントロールできるようになり、教師はあらゆる場面で教師の役割に徹することができるようになります。

7.　アプリによる運動の「ゲーム化」

　図10に示した「Home Court」は、時代を先取りしたスマートアプリです。ユーザー（子どもたち）を実際のアプリ内の画面に映し出すことで、運動のゲーム化（ゲーミフィケーション）をまったく新しいレベルに引き上げました。この体育授業での「Home Court」主な使用目的は、子どもたちをアプリ内の運動に「参加」させて、様々なドリブルやシュートの練習に取り組ませることで、バスケットボー

図10　「Hot Court」でのプレーの様子

ルの技能を向上させる支援を行うことです。子どもたちはタブレットなどを使用して、自分の姿やバスケットゴールの位置など、バスケットボールの練習に必要なものをカメラや画像で調整します。画面の調整が終わると、子どもたちは「ドリル」を開始することができます。「Home Court」では、ベルやホイッスルの音、ポイントの算出、タイマーによる時間のカウント、統計値の算出などを通して、子どもたちのモチベーションを高めることができるでしょう。このアプリは、米国のプロスポーツ（例えば、男女全米バスケットボール協会など）との連携も行なっており、「Home Court」のユーザーはプロのアスリートからアドバイスを得ることもなども可能となっています。このようなテクノロジーによって、子どもたちのモチベーション、運動の技能や習熟度、思考力や判断力、問題解決能力、子ども相互の協働意識を向上させることが可能となります。このようなテクノロジーはとても革新的なもののように感じますが、さらに先にあるゲーミフィケーションやヴァーチャル環境が発展した未来から振り返ったとすれば、まだほんの入り口であるのかもしれません。

8.　テクノロジーの活用による個別最適化された学習の実現

　新しいテクノロジーの体育授業実践への活用は、大きく3つのカテゴリーに分類できます。第一に、体育館やグラウンド内の「学習環境の整備」です。「TABATA Pro」や「Team Shake」のようなアプリの例では、教師は授業進行の一部の役割をテクノロジーに任せて子どもたちにしっかり関わることが可能となり、子どもたちは運動する時間を増やすことでより発展的な課題へのチャレンジや苦手な部分を重点的に克服する機会が得られます。第二に、テクノロジーの活用によって、子どもたちの「主体性の向上」を促し、自由度の高い学習を勧められるようになります。「Coach's Eye」「BaM Video Delay」「Google Forms」などのアプリは、子どもたちが自分自身の課題を発見することができるようにサポートします。これらのアプリは子どもたちにとって役立つフィードバックを提供するように設計されているため（例えば、ビデオ再生、スローモーションスクラブ、グラフによる視覚化、フォーム回答による集計など）、アプリを使用している子どもたちは自己の学習体験の中から、自分に合った課題を発見して取り組むことができるようになります。このように、それぞれの子どもに最適化された学習が実現できるため、子どもたちの学びに向かう意欲を高めることにもなるでしょう。第三に、これまで体育授業で一般的に行われてきた練習の時間を、「Home Court」といったアプリによって「ゲーム化」することができます。このようなアプリは使用方法を間違えなければ、音楽や難易

度の自動設定などによって、これまではあまり運動に積極的ではなかった子どもの意欲を引き出す可能性も高めるでしょう。

　新しいテクノロジーが開発され、新しいアプリが作成され、デジタルの世界が発展するにつれて、体育授業に応用できることも増えていきます。教育者や研究者は、子どもたちが自ら学習の中心となって課題に向かうことができるようになるために、今後のテクノロジーがどのように利活用できるかについて考えていくことが重要でしょう。

本稿で紹介したアプリの一覧

テクノロジーの名称	アイコン	リンク	料金
Coach's Eye smart device application		https://www.youtube.com/watch?v=ljN3N1ota14	月々5ドル (年間契約の場合)
Google Form		https://www.youtube.com/watch?v=eB4Lv_TIGLM	無料
BaM Video Delay smart device application		https://www.youtube.com/watch?v=43TAE_1uxEI	7.99ドル
Team Shake smart device application		https://www.youtube.com/watch?v=SAj1vJ2WA7c	0.99ドル
Tabata Pro smart device application		https://www.youtube.com/watch?v=3EWF4xJUXfI	3.99ドル
Home Court Smart device application		https://www.youtube.com/watch?v=FviessZJM9I	無料 (有料版は機能制限なし)

第5章

「学習する学校」を支える
GIGAスクール時代のチームづくり

校内の教師の成長を支えるチームづくり

成家篤史（帝京大学）

1. チームという視点

　本節では教師の成長を支えるチームづくりについて考えていきます。チームの中で教師が成長すると聞いても、自分で書籍を読み、教師としてのスキルを上げたと主張される方もいらっしゃることと思います。もちろん、書籍を読み、知識を広げ、それが教師としての成長につながるという側面もあります。その一方で、先輩教師、同期、後輩教師、研究会といった人間関係の中で教師として成長するという側面もあります。本節では後者の多様な人間関係の中での教師の成長について考えていきたいと思います。

　山崎（2012）は「教師一人一人が発揮される質の高い実践は、その教師個人の力量程度だけを反映しているのではなく、その教師の実践が展開される職場（学校）や地域の教師集団が有する力量程度に規定されてもいるのである」と述べています。すなわち、教師の実践には深く職場や地域の教師集団の影響が及ぼされていることが理解されます。

　このように教師が所属している組織の中で、教師が成長していくことについて成家（2020）は指導観形成を手掛かりにして、教師が他者と問題状況を共有し、取り組んでいく営みの中で成長していくとしています。教師にとって、身近な組織は勤務校の学校であり、その校内では日頃から問題状況の共有がなされ、協働して課題解決に取り組んでいるため、教師にとって校内という組織が自身の成長に関して強い影響を及ぼしていると考えられます。そのため、教師の成長をチーム（組織）という視点から捉え直すことに大きな価値があるといえます。

2. 校内の見えざる力

　教師が所属する組織には、組織内の教師たちで共有されている体育の指導に関する行動やその行動を支える価値観、行動や価値観の基盤となる基本的な前提認識の

三層から成る組織文化としての指導観が強大に影響を及ぼし、見えざる力として存在しています（成家，2020）。図 1 で示されているように、体育の授業中の教師の行動を支える体育の指導観は教師の個人的な価値観である一方で、集団として形成されている組織文化としての指導観に強く影響を及ぼされており、教師の成長と組織、とりわけ、日頃の業務を通じて強く影響を及ぼしている校内の教師集団というチームの存在を無視して語ることはできません。

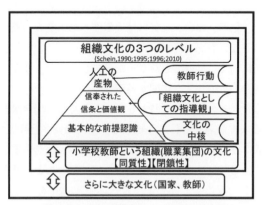

図1　組織文化と小学校教師という組織（職業集団）の
　　　文化の関係図（成家，2020）

　加えて、小学校教師という組織の文化として同質性と閉鎖性という特徴を有しています。同質性とは「他者と同じ考え方を共有することを希求する」文化であり、閉鎖性とは「自分たちとは違う考え方を受け入れがたい」文化です（成家，2020）。このような文化が小学校教師という集団には存在しているため、暗黙裡に校内という組織の中で、強い影響を受けながら指導観が形成されていきます。したがって、教師はいわば無意識的に日常の業務を通して、校内という教師チームの中で指導観が形成されます。教師行動はこの指導観に規定されるため、教師の成長にとって、教師をとり囲むチームは重要な要素であるといえます。

3.　心理的安全性

　先述したように教師は所属した組織の中で強い影響を受けながら指導観を形成し、教師としての成長が促されていきます。しかし、組織文化は強大な力があり、常に教師の成長を促す文化を育んでいるとは限りません。

　例えば、2003 年スペースシャトル「コロンビア号」の事故の例があります。コロンビア号はケネディ宇宙センターで打ち上げられ、16 日間の研究ミッションの

後、地球に帰還するため大気圏に再突入する際に燃え上がり、7 人の宇宙飛行士全員の命が失われました。この事故ですが、事故後の調査によると打ち上げ後の翌日のビデオ映像チェックの際にシャトルの外部燃料タンクからはがれ落ちた断熱材の破片が重大な事故につながる深刻なダメージをシャトルの左翼に与えていたことに気がついていたエンジニアがいました。しかし、このエンジニアは一旦直属の上司に危険性を報告しましたが、その緊急性の懸念について組織に要望が通りそうにないことが分かると、その時点で上司や他の上級幹部に危険性を指摘することをやめてしまいました。結局、コロンビア号は大気圏への再突入の際に燃え上がってしまったのです（エドモンドソン，2014）。

　この事故は未然に防ぐことはできなかったのでしょうか。我々は「個人的なやりとりや人との付き合い上のリスクに関する不安」（エドモンソン，2014）である「対人不安」により本来とるべき行動が時として行えなくなる場合があります。このような組織に属する人々が陥ってしまう状態は「組織の罠」と呼ばれています。「組織の罠」とは、人々が自分に対して嘘をつき、個人的責任を否定し、直面する問題への議論も行わず、さらにそうした議論を行っていないこと自体もなかったこととする自己防衛の行動を起こすことです（アージリス，2016）。集団として、責任逃れしてしまう現象です。その結果として、表面的な対応に終始し、真正な責任ある行動が妨げられてしまうのです。

　Society5.0 では「人間中心の社会」が謳われています。ここでは、キー概念の 1 つとして多様性・包摂性が示されています。多様な価値観・考え方の教師が協働する職員室において、多様性を尊重し、様々な考え方の教師をある方向目標のもとに気持ちを集結させてチームをつくる必要があり、これまで以上に教師のチームづくりが難しくなると予見されます。そのような教師チームだからこそ、「対人不安」を解消する必要があります。対人不安が強い組織では、先述した「組織の罠」に陥りやすく、チームに共有された目標に集中することができず、組織内の人間関係の緊張に目が行き、十分な学習・成長ができません（エドモンソン，2014）。そのため、身近な組織、すなわち校内の教師チームの中で成長する教師には集団の中での心理的な安全性が求められ、自身の業務や成長に集中できる環境を整える必要があります。

4. 枠組みを変える

　教師の成長には葛藤、対立、不安、動揺といったことが重要な契機となることが示されています（成家，2020）。つまり、教師にとっては学校を異動する、新しい

校内研究に取り組む、難しい事案が発生するといった経験が教師自身の成長の契機となります。本稿では校内で心理的な安全性を担保することが教師の学習や成長につながることを議論してきました。その一方で、教師の成長という枠組みでそのステークホルダーを考えると、子どもからも学べますし、保護者からも学ぶことができます。その意味で、一見大変な事案として捉えられる仕事の障壁となるような子どもとの出会いや保護者との出会いについても、思考の枠組みを変えると、教師が成長する重大な機会となります。

　ここまで議論してきたように、教師からするとマイナスだったり、心が痛む出来事であったりしても、心のもち方によっては成長に変えられますし、成長に変えてくれる他者・チームも必要だと考えられます。Society5.0「人間中心の社会」においては、予想困難な時代の変化に対応できる教師の協働が求められます。それは異質な考えを受け入れ、柔軟な思考ができる教師チームです。その第一歩として、心理的安全性が重要であり、そのような教師チームが一人一人の教師の成長に貢献できるのではないでしょうか。

【参考引用文献】
エイミー・C・エドモンソン著, 野津智子訳（2014）「チームが機能するとはどういうことか」英治出版.
　　pp.150-194.
クリス・アージリス著, 河野昭三監訳（2016）「組織の罠─人間行動の現実─」. 文眞堂. pp.71-76.
成家篤史（2020）「組織文化としての体育の指導観形成─小学校という組織に着目して─」青山ライフ
　　出版. pp.9-15, 50-84.
山崎準二（2012）教師教育改革の現状と展望─「教師のライフコース研究」が提起する〈7つの罪源〉と〈オ
　　ルタナティブな道〉─. 教育学研究 79（2）. pp.182-193.

学校外の教員同士の協働に基づくチームづくり

大熊誠二（帝京大学）

1. 子どもたちの学びに寄り添うチーム

　授業は子どもたちの学びにとって、学校教育における重要な活動の一つです。どの学校にも必ず「授業」が設定され、全ての子どもたちは、多くの授業を通して学びを構築させていきます。教育に携わる私たちは、その授業における子どもたちの学びを支えることが教員の重要な役割である事を自覚する必要があります。授業の形態には色々な形があって良いと思います。外側の世界から見た時に、一見、放任的な授業展開に見えるようなものであったとしても、授業者が子どもたち一人ひとりを見とり、学びに寄り添っている授業であれば、それは子どもたちにとって有益な授業と言えるのではないでしょうか（学びに寄り添うためには、教員の資質能力が必要となることは釈迦に説法だと思います）。逆に、素晴らしい体育教員だという方の授業であっても、一方的な授業展開で、子どもたち一人ひとりの学びを置き去りにしてしまったような独りよがりの授業であれば、それは個別最適化された学びを担保しているとは言えないと考えます。校内でもそのような場面があるかもしれませんが、教員が成長していくためには、より多くの学習場面を想定していく必要があります。そこで本節では、子どもたちの学びを支えていける学校外の教員同士の協働に基づくチームづくりを考えていきます。

2. 学校内におけるチームづくりと学校外におけるチームづくり

　学校内では、子どもたちが集団で活動をする際、○○グループや◇◇チームという言い方を耳にすることがあると思います。広辞苑（2012）によれば、グループとは「群．集団」、チームとは「共同で仕事をする一団の人」とされています。グループもチームも集団で集まるということでは似た意味を持つと解釈できますが、「同じ目的や目標を持って一団で仕事をすること」がチームには必要とされるのです。中央教育審議会答申（2015）では「チームとしての学校」が示され、管理職が中心

となって、地域も巻き込んでいく教育活動の必要性が述べられてきましたが、まさにチームとして、学校が教育活動に取り組んでいく必要が示されていると考えられます。学校内であれば、教員同士で授業や子どもたちの事について話し合ったり、学校の業務に関することを会議したりすることは難しくないと思います。また、授業を研究し、互いに参観し合うことで教育活動を推進しています。このように学校内における協働活動は非常に重要で、子どもたちの学校生活をより充実させる機能を有しています。しかし、校内の視点だけでは、それ以上のチームづくりは望めません。では、学校外におけるチームづくりはどうでしょうか？　実際にはご自身の休日等を利用して、公私研究団体等の会議で研鑽を積まれている教員は少なくないと考えます。しかし、日々の業務に忙殺される中で、学校外の教員同士が気軽に会い、協働的な授業研究等をすることは、時間的、距離的な制約があるため、実際に行うことは容易ではないと考えます。

　では、容易ではないと考えられる学校外のチームづくりをどのように推進していくのかを検討する前に、実際に行われることの多い会議で我々は何を目指すべきかを明確にしたいと思います。齋藤（2004）は、会議において肝心な事として「現実を変える具体的なアイディアを一つでもいいから出すことだ。それがゴールである」と述べています。確かに、私たちが実施している研究会等の会議でも、話題に挙がることは「次の授業では○○を用いて、子どもたちに○○なことが想定できる」や「○○を課題にして、○○の課題解決」など、授業や研究などにおける具体的なアイディアを討議することで、良い会議であったかが評価されるように思います。また齋藤は「人の出したアイディアを否定するだけの人はバックパスをしているだけ」とも述べていますが、このような状況では長時間で疲れるだけの会議になってしまうことは想像に難くないと思います。

3.　GIGA スクール構想における新しいチームづくり

　学校外でのチームづくりにおいても、この点を意識しながら推進していくべきだと考えます。コロナ禍において、いわゆる新しい生活様式が求められ、私たちの生活は一変しました。私の所属する「体育 ICT 研究会」では、教員（小中高大の校種に渡ります）を中心に、企業や技術者の方などで構成されており、50 名前後の方が所属し、研究を進めています。

　研究会では、このコロナ禍においても、オンライン会議システムを利用して、月一回の定例会をオンライン上で実施しています。このオンライン会議システムは一般化してきた感がありますが、画面を通じて相手の表情等を確認しながら会議がで

きることは非常に意味のある事だと思います。会議では、全員がそれぞれの提案に対して、批判的でありながら、建設的な意見を意識しているため、オンライン上でも活発な討議が行えています。そして、我々の研究会では、より深い議論を展開するために、VR（virtual reality：仮想現実）での会議システムを利用しています。VR では深い没入感が得られるため、あたかもその場所に自分がいるような感覚を持つことができます。その時間は、その世界に浸ることができるシステムです。研究会では VR 上に会議室を作り、一人ひとりがアバターを設定し、VR ゴーグルを使用して、対面での会議と同じように、あたかも隣にメンバーがいるような臨場感のある研究会を実施しています（図 1）。

研究会メンバーの居住地や学校は、北海道から関東方面、そして関西方面から九州方面まで日本全土に渡りますが、このようなシステムを使用することで、違和感なく一同が集まることが可能になっています。さらに、研究

図 1　VR 上での研究会の様子

会のメンバーは、遠隔会議システムや VR を利用した会議システムなどを利用し、海外の研究者とも研究を進めています。このような成果を今後も大いに発展させつつ、より良くするための検討を進めていきたいと考えています。

4.　より充実した協働的なチームづくりを目指して

　先日、ある研究者の方と電話で研究の話をしていました。研究活動のアドバイスは勿論、日常生活での楽しい話等、話題は多岐にわたり、気が付いたらあっという間に一時間程経過していました。その時ふと「そういえばまだ一度も対面でお会いしたことが無いですね」という話題になり、お互い笑いながら、不思議な感覚を共有しました。

　2020 年、世界は未知のウイルスによって大きく生活様式を変えることとなりましたが、その結果、オンラインを介した手段等の通信技術は飛躍的に発展したように感じます。私は、この研究者の方に一度も対面でお会いしたことはありませんが、オンライン上での関わりの中から、多くの事を学び得ています。これは、対面での交流を否定するものではありませんが「オンラインのコミュニケーションのみでも多くの学びがある」ことを示していることでもあります。齋藤（2004）はコミュニケーションを「意味や感情をやりとりする行為である」として、意味と感情の座標軸を示し、A ゾーンがコミュニケーションの良好ゾーンだと示しています

（図2）。このことは、対面であってもオンラインであっても、人と人が協働していく時には、意味や感情をより良く解釈し合う必要があるという事だと考えられ、私たちのコミュニケーションでもAゾーンでの協働を目指すべきだと考えます。ICTの発達によって、学校外のチームづくりは多様になってきています。対面での利点を活かしながら、ここで紹介したオンラインでの利点も活かした、より充実したチームづくりを今後も研究していきたいと考えます。

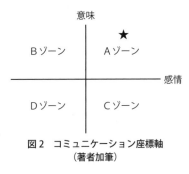

図2　コミュニケーション座標軸
（著者加筆）

5. 学び続ける「チーム教員」

　子どもたちを育てていく教員自身の成長には、研究と修養が不可欠です。その研究と修養を担保するためにも、教員は学び続けていく必要があることは言うまでもありません。まして、本書に限ったことでは無いですが、数多の書籍などを自ら手に取っている方は、少しでもご自身のスキルアップのために、学ばれていると考えます。そして、ご自身が学び得たことを研究会や会議などにおいて、討論したり交流し合ったりする機会を設けて、子どもたちのための研究や授業について、議論を尽くされているのだと思います。

　本節では、学校外での新しいチームづくりについて、新しいシステム等を紹介しましたが、ハード面での充実は早いスピードで進んでいると感じます。Society 5.0時代では、仮想空間と現実空間を融合させた超スマート社会が目指されますが、このハード面での充実が学校外での協働を容易にし、新しい社会における新しい協働の推進力になります。GIGAスクール構想においても、教員の学びは必須となります。ご自身での学びと学校外での協働的な学びをどのように創造するのか、ハード面での充実が進んでいるからこそ、ソフト面での充実も目指して、今後も学校外における協働的な学びのチームを創造していきたいと考えています。このGIGAスクール構想において、子どもたちと同じように教員も新しい学びの場面の創造を目指していきましょう。

【参考引用文献】
中央教育審議会（2015）チームとしての学校の在り方と今後の改善方策について（答申）.
広辞苑第六版（2012）岩波書店.
齋藤孝（2004）コミュニケーション力. 岩波新書. pp.4-8, pp.151-154.

保護者の成長を支えるチームづくり

鈴木直樹（東京学芸大学）

1. モンスターペアレント誕生の背景を問う

2008 年に「モンスターペアレント」というテレビドラマが放送されたのはご存知でしょうか？　ここでいうモンスターペアレントとは、学校に対して自己中心的で理不尽な要求を繰り返し、正常な学校運営を妨げる保護者だそうです。そして、このドラマは、そんなモンスターペアレントに翻弄される学校現場を舞台に活躍する敏腕弁護士のドラマです。このようにテレビドラマで取り上げられたり、ニュースでも大きく報道されたりして、今やこの言葉を知らない人はいないのではないでしょうか？　最近では、教員養成学部が不人気であったり、教員採用試験の倍率が低下していたりする問題が話題になっていますが、教師の労働負担が大きいというだけでなく、このような保護者との関わりを心配する声も少なくないようです。どうやら、保護者とのかかわりは、授業や子どもとのかかわり以上に社会の関心事として注目されていることかもしれません。

私にも大学生の一人娘がいます。彼女が、小学校、中学校、高校と通っていく中で、教科学習だけでなく、学校生活での普段の様子はとても気になるものでした。そのように考えると、モンスターペアレントは、子どもへの愛が故に起きている問題でもあると思います。すなわち、保護者が勝手にモンスターになっているというよりは、保護者がモンスター化していくきっかけがそこにあるのではないかと思います。教師と保護者がそれぞれの立場から学校教育と家庭教育を他人事のように眼差し、そこでの主役である子どもが別々に生活し、それぞれの場面での学びの様子を限られた少ない情報から推測し、勝手にイメージを作り出してしまっているが故の結果が問題を引き起こしているのではないかと思います。

そこで、モンスターペアレントという問題そのものを解消させるというよりは、この問題が出現している背景にこそ本来解消すべき学校と家庭の二項対立した教育上の大きな問題が存在しているのではないかと思います。私は、未来の学校が、親

も教師も共に成長し合う豊かなコミュニティの場となっていく必要を感じています。本節では、そのような未来を目指して、転換に向けての手がかりを示していきたいと思います。

2.　ネット社会はマイナスなのか？？？

　ネットいじめが大きな問題になっています。保護者も教師もネットの子どもの利用を心配しているところがあります。不特定多数のものがつながり合う可能性のあるSNSは大きな魅力がある反面、匿名性や情報の不確かさも多く、ネット利用には慎重になっている教師や保護者も多いと思います。

　何年か前に乃木坂46の曲で「インフルエンサー」という曲がありました。この「インフルエンサー」とは主にSNSでの情報発信によって世間や人の思考、行動に対して大きな影響を与える人物の総称です。ネット社会が広がる前は、閉じられた直接的な関係のある関係性の中で生まれる情報共有であった為に、そこに大きな影響力を及ぼす存在が、「教えてくれる存在」としての教師だったと思うのですが、ネット社会になり、情報収集の仕方が変化すると「インフルエンサー」は、自分とは直接関係のない第三者であることも少なくなくなりました。その結果、教師の傘のもとに保護者がいるような関係は崩壊していったわけです。すなわち、ネット社会の前は、教師に従うという保護者のコミュニケーションが至極当然のようになされていたわけですが、ネット社会では、保護者は異なる情報を様々なところから手に入れ、その情報をもとにしながら、子どもの学校教育での様子を価値判断するようになります。

　伝統的に、保護者は子どもを学校に「預ける」という意識が強かったように思います。そして、「預けられた」教師が保護者に対して、学校での子どもたちの情報を伝え、家庭での協力を呼びかけるというような関係が強かったのではないでしょうか？　ある種の権力関係がそこには存在しており、保護者よりも教師が上位の立場にいるような関係が教育場面の象徴であったようにも思います。しかしながら、文化的な転換、少子化なども影響し、保護者が「預ける」のではなく、子どもと共に「参加する」という意識を持つようになってきたと思います。そのことにより、保護者の教育参加が促進されたわけですが、伝統的なシステムの学校では、教師の「指導」に、保護者が「口を出す」というように捉えられてきたように思います。「教師」と「保護者」が二項対立し、それぞれの中心的な指導の場となる「学校」と「家庭」での役割を守りあってきた関係の中で、それが崩されていくところに、問題が生じているのだと思います。これを解消していく為には、学校や家庭を別々

のものと捉えずに、一つのコミュニティとして考えていく必要があると思います。そして、同じコミュニティに住まう役割として、教師や保護者が互いに理解し、把握し合う必要があるのではないかと思います。

3. 保護者が成長していくプロセス

　保護者が成長するプロセスを考えていく上で、保護者の体育に対する認識変容を明らかにした石井（2021）の研究に注目したいと思います。この研究では、家庭と学校をつなぐ学習評価に注目し、それによって変化する保護者の認識を科学的なデータに基づきながら明らかにしています。そこで、ここでは、この研究を手がかりとしながら、保護者の成長について考えていきたいと思います。

　石井・鈴木（2020）の研究では、小学校第5・6学年の子どもをもつ保護者を対象に、異なる4地域で体育に対する認識について質問紙調査を行っています。その結果、現代の学校体育が求めている目的や内容とはズレていることが明らかにされました。つまり、教師が現代の学校体育に求めていることと、保護者が求めていることが乖離している可能性があることを示唆しています。

　また、石井（2021）は、そのような保護者の体育の認識を形成している要因について、インタビュー調査をもとに、修正版グラウンデッドセオリー・アプローチを用いて分析を行なっています。その結果、保護者の体育に対する認識は、自身が学校で受けてきた体育に加えて、体育的行事や運動部活動での経験も総じて体育の学びとして対象化し、それらの経験に基づいて体育に対する認識を形成していることが明らかにされました。さらに、その経験的な保護者の認識は、子どもたちが実際に体育で学んでいる状況とは異なっていることが明らかになりました。そして、このような認識が変容する場合、保護者と子どもとの相互作用がきっかけであることが明らかになっています。

　この結果を受け、石井・鈴木（2020）は、子どもの学習状況を保護者と共有し、保護者と子どもの相互作用を生み出す仕組みとして「メディアポートフォリオ」という評価を実践しています。その結果、保護者は協調性を育んだり、技能が身に付いたりした「結果」に体育の価値を求めていた体育への認識から、思考力・判断力・表現力等や運動に主体的に取り組む態度にも着目するようになり、子どもが豊かに関わり合いながら学ぶその「過程」に、体育の価値を求める認識へと変容したことが明らかになりました。

　加えて、石井（2021）は、保護者が「メディアポートフォリオ」を通して長期的に学習評価に参加することで、保護者目線から幼少期の我が子からつくられたイ

メージや周りの子どもと技能を比較していた相対評価から、子ども自身の体育の学びの表情から子どもの視点で学びを解釈する絶対評価に体育の評価規準が変容していくことを明らかにしています。そして、子どもの表情に注目して学習成果を把握するようになっていき、その結果、保護者は、子どもの「いま—ここ」の学びを受け入れるようになります。最終的には子どもの内面的な心情を理解しようとするような子どもに寄り添った支援的な関わり方をしようとする思考へと変化していきました。このようなことから、家庭と学校をシームレスにつなぐ学習評価への保護者の参加は、我が子への体育の学びを通した子ども理解であり、保護者自身も、自らの認識の変容に気付かされる自己理解のプロセスであることが明らかにされています。

4. 学校と家庭をシームレスにつなぐシステム

　石井（2021）の研究では、家庭と学校をシームレスにつなぐ学習評価は、保護者のマルチステークホルダー・プロセスへの学習評価の参加過程で体育に対する認識を変容させ、保護者自らの経験と「いま—ここ」の子どもとの相互作用の葛藤の渦中での子ども理解と、自己理解を通し、子どもの学びを支える支援者として成長を促す機能を有しているということがわかっています。

　このように GIGA スクール構想では、情報をリアルに共有し、学びのコミュニティを形成することのできる契機を有しています。それを実現することで、親の成長を支える学びのシステムを具体化することが可能です。未来の学校では、教師と保護者が二項対立するのではなく、協働しあうコミュニティの重要な役割を担う存在として有機的に結びつきあい、学校教育を支えていくようになっていくと思います。その為に、学校と家庭を架橋するシステムに注目し、実践を進めていく必要があるでしょう。

【参考文献】
石井幸司（2021）家庭と学校をシームレスにつなぐ体育の学習評価に関する研究―マルチステークホルダー・プロセスへの保護者の参加に着目して―．専門学術論文（東京学芸大学教職大学院）
石井幸司・鈴木直樹（2021）「メディアポートフォリオ」による保護者の体育の学習観変容に関する研究．臨床教科教育学会学会誌．第 22 巻第 2 号．
石井幸司・鈴木直樹（2020）保護者の体育学習に対する認識に関する研究．東京学芸大学紀要 芸術・スポーツ科学系．第 72 巻．

あとがき

　本書の構想が立ち上げられたのは、2020 年のコロナ禍の最中でした。その頃、日本でも GIGA スクール構想が一気に前倒しとなり、まだ数年先とされていた 1 人 1 台構想がいきなり目前に迫ってきました。それに合わせ、本書は GIGA スクールの未来を予見した書籍とすることを目標として、Society 5.0 における体育・スポーツの在り方、先進的な事例を紹介する内容となりました。

　本書は、Society 5.0 を生きる子どもたちをどのように育てるかということを論じています。そこには、Society 5.0 で求められる能力が暗示されています。例えば、第 4 章で Teng Tse Sheng 先生の提示された発明ゲームでは共感性や問題解決能力が協調されています。また第 3 章の国内の先生方の実践においても、ICT 機器を技能の向上に役立てるだけでなく、共感や問題解決、メタ認知に焦点が当たっています。これらの実践に共通することは、様々な情報を可視化し、共有していることです。この可視化、共有化は ICT により明確になった要素であり、それにより取り組みやすくなった「集団での問題解決能力」こそが Society 5.0 に求められる能力と言えます。

　Society 5.0 では、煩雑な作業が自動化され、単純作業は人の仕事ではなくなります。この自動化により、人は企画から製造、営業、販売まで 1 人または少人数でこなせるようになります。その過程で、人に求められる能力は意思決定や創造性です。しかし、1 人で生み出せるアイデアには限界があります。そこで、さまざまな知恵や経験を出し合い、集団で問題解決方法を創造するプロセスが必要となります。そのなかには、意見の合わない人もいるでしょう。また、意見をうまく表現できない人もいるでしょう。それら多様な意見をわかりやすく伝え、比較し、関連付け、検討することに ICT 機器は役立ちます。これまで伝え方に問題があり、排除されていた人の意見も議論に載せることができ、その結果、多くの意見を取り入れた創造性が生まれます。このような創造のプロセスは、教員の組織においても行われるものであり、やはり多くの意見を反映するために ICT 機器は役立つものです。

　また、Society 5.0 では AI の発達により多くの作業が自動化されますが、人が価値や楽しさを見出すことは自動化されないでしょう。例えば、自動車の自動運転についても、運転を楽しいと思う人の運転まで AI に奪われないでしょう。また、3D プリンターで正確にものを作れるようになったとしても、ものづくりに対する価値を見いだした人の作業まで AI に奪われることはないでしょう。つまり、ある行為

に対して価値づけし、楽しさを見出すことは、Society 5.0 において人に必要な能力であると言えます。このことは、スポーツ場面においても当てはまります。例えば、持久走のような「つらさ」が種目に対して、どんな価値づけをできるかはその人の能力です。一方で、価値づけできない人は持久走から遠ざかることになり、生涯スポーツとして多く行われているジョギングには参加しないでしょう。しかし、この価値づけは ICT を用いることで誰でも学ぶことができます。それは、さまざまな形での記録に対するメタ認知や、そのメタ認知した結果を仲間同士で交流することによって生まれる認識の変化であり、それによって新たな価値づけを生み出せるようになります。

これまでの体育授業において ICT 機器は、課題提示やタイムシフト再生などに使われてきました。これは、教師から与えられた ICT 機器の使用方法でした。しかし、1 人 1 台となった GIGA スクールでは、児童生徒一人一人がその意志や思考を発信することに意味を持ちます。そこには、誰でも多様な方法で意思を表示し、表現することで、集団で問題解決に取り組む姿が生まれます。ここで育まれる能力は、Society 5.0 で人に求められる能力につながります。この問題解決過程では運動・スポーツへの多様な参加形態が生み出され、体力や性別、障がいといったさまざまな差を包括するでしょう。その点では、今後求められる共生社会における生涯スポーツ場面にもつながります。

体育科のどの種目においても、ICT 機器が子どもたちの表現力を助け、それを交流することは可能です。そのような活動が、子どもたちをより主体的に学ぶ姿へと導き、将来の多様なスポーツ参加者を育むことを願っています。

最後に、本書を出版するにあたり、創文企画の鴨門裕明さんには大変お世話になりました。我々の企画に賛同して頂き、御支援を頂きましたこと感謝申し上げます。

2021 年 6 月

編著者　村瀬浩二

執筆者紹介 （所属は執筆当時）

■編者
鈴木直樹 （東京学芸大学）

中島寿宏 （北海道教育大学札幌校）

成家篤史 （帝京大学）

村瀬浩二 （和歌山大学）

大熊誠二 （帝京大学）

■執筆者
David Kirk （University of Strathclyde and University of Queensland）

Weiyun Chen （University of Michigan）

冨嶋　瑛 （大阪教育大学附属平野小学校）

鈴木　大 （川崎市立川崎高等学校附属中学校）

流川鎌語 （和歌山大学教育学部附属中学校）

Teng Tse Sheng （Physical Education and Sports Teacher Academy, Ministry of Education, Singapore）

Mark Foellmer （Creator of cbhpe.org　https://www.cbhpe.org）

Becky Foellmerr （Creator of cbhpe.org　https://www.cbhpe.org）

Misti Neutzling （Bridgewater State University）

Robert Tatro （Sunita L. Williams Elementary School）

■翻訳者
第 1 章　鈴木直樹 （東京学芸大学）

第 2 章　成家篤史 （帝京大学）

第 4 章　中島寿宏 （北海道教育大学札幌校）

GIGAスクール時代における体育の「主体的・対話的で深い学び」
—Society 5.0がもたらす体育のコペルニクス的転回—

2021年6月30日　第1刷発行

編　者　鈴木直樹・中島寿宏・成家篤史・村瀬浩二・大熊誠二
発行者　鴨門裕明
発行所　㈲創文企画
　　　　〒101−0061 東京都千代田区神田三崎町3−10−16 田島ビル2F
　　　　TEL：03−6261−2855　FAX：03−6261−2856
　　　　http://www.soubun-kikaku.co.jp

装　丁　㈱オセロ
印　刷　壮光舎印刷㈱

ISBN 978-4-86413-147-6